COORDENAÇÃO EDITORIAL
CÁSSIO LEONARDO CORAZZARI

© LITERARE BOOKS INTERNATIONAL LTDA, 2021.

Todos os direitos desta edição são reservados à Literare Books International Ltda.

PRESIDENTE
Mauricio Sita

VICE-PRESIDENTE
Alessandra Ksenhuck

DIRETORA EXECUTIVA
Julyana Rosa

DIRETORA DE PROJETOS
Gleide Santos

RELACIONAMENTO COM O CLIENTE
Claudia Pires

EDITOR
Enrico Giglio de Oliveira

REVISORES
Tarik Alexandre e Ivani Rezende

CAPA
Gabriel Uchima

DESIGNER EDITORIAL
Victor Prado

IMPRESSÃO
Gráfica Apoio

Dados Internacionais de Catalogação na Publicação (CIP)
(eDOC BRASIL, Belo Horizonte/MG)

C756   Constelações sistêmicas: perceba o imperceptível / Coordenador Cassio Leonardo Corazzari. – São Paulo, SP: Literare Books International, 2021.
112 p. : il. ; 14 x 21 cm

ISBN 978-65-5922-149-3

1. Constelação sistêmica. 2. Família. 3. Autoconhecimento. I.Corazzari, Cassio Leonardo.

CDD 158.1

Elaborado por Maurício Amormino Júnior – CRB6/2422

LITERARE BOOKS INTERNATIONAL LTDA.
Rua Antônio Augusto Covello, 472
Vila Mariana — São Paulo, SP. CEP 01550-060
+55 11 2659-0968 | www.literarebooks.com.br
contato@literarebooks.com.br

SUMÁRIO

5   PREFÁCIO
Cássio Leonardo Corazzari

7   AS HERANÇAS E OS VÍNCULOS INVISÍVEIS
Cássio Leonardo Corazzari

15   ASPECTOS FENOMENOLÓGICOS DA CONSTELAÇÃO INDIVIDUAL
COM BONECOS
Cássio Leonardo Corazzari

23   CONSTELAÇÃO SISTÊMICA EMPRESARIAL
Agenor Brandalise

31   UM OLHAR SISTÊMICO NA PEDAGOGIA SISTÊMICA
Dorcelita Barbosa Gonçalves

39   TRANSFORMAÇÃO ATITUDINAL SISTÊMICA
Estella Parisotto Lucas

47   O OLHAR SISTÊMICO NA RELAÇÃO PAIS E FILHOS
Instituto Equilíbrio Humano

57   CONSTELAÇÃO SISTÊMICA: UMA FERRAMENTA PARA ALCANÇAR O
SUCESSO
Judith Borba

65   E O MEU LUGAR, QUAL É?
Karla Cunha

71 VÍNCULOS FAMILIARES: TRANSGERACIONALIDADE E
RELACIONAMENTOS AMOROSOS
Priscilla Simões

79 LIBERTE A SUA CRIANÇA
Ricardo dos Santos

87 O LUGAR DA DOENÇA EM MINHA VIDA
Rosemeire Bueno

95 A APLICABILIDADE DOS PRINCÍPIOS SISTÊMICOS PARA A SOLUÇAO
DE CONFLITOS DE FAMÍLIAS EMPRESÁRIAS
Sandra Toledo Galvão Liguori

105 SOBRE O JULGAMENTO E O NOSSO LUGAR
Uli Holtz

PREFÁCIO

Este livro é fruto de uma seleção de assuntos pertinentes à Constelação Sistêmica, que vem ao longo dos anos agregando valores, reparando sistemas desorganizados, harmonizando vidas, fechando ciclos para que os novos emerjam, enfim, uma preciosidade que contribuirá para agregar valores em sua jornada nas mais diversas áreas, sobretudo no âmbito pessoal, familiar e profissional. Enalteço e agradeço a todos os profissionais que contribuíram com suas expertises e conhecimentos preciosos para que esta obra pudesse estar agora em suas mãos.

Estou há 32 anos trabalhando efetivamente nas diversas vertentes do comportamento e do desenvolvimento humano e quando fui convidado para a coordenação editorial desta obra, além de me sentir lisonjeado, veio ao encontro com o que ressalto em meus grupos, congressos e cursos sobre a genuína e soberana eficácia dos resultados auferidos com a aplicação da Constelação Sistêmica, pois sempre fora latente na minha percepção.

Ao mencionar as origens da Constelação, logo vem à mente o alemão Bert Hellinger, que pesquisou as origens familiares e organizacionais em várias partes do mundo, buscando o diagnóstico e a solução de problemas e conflitos. Com toda razão Bert é o "pai da Constelação"; além de trazer clareza, deixou um legado inquestionável. Porém, muitos outros profissionais, alguns deles cientistas, também contribuíram e contribuem direta e indiretamente para que essa relevante metodologia sistêmica fenomenológica esteja à nossa disposição e continue evoluindo na velocidade do desenvolvimento humano.

Eu tive contato pela primeira vez com a Constelação em 1997 e lembro que se caracterizava apenas como uma terapia breve. Há poucos anos, eu presenciei Bert relatar que seus resultados transcendiam apenas os aspectos terapêuticos, pois era um caminho para um novo patamar de consciência, com grande penetração nas áreas educacional e jurídica, além do reconhecimento pelo Ministério da Saúde como prática integrativa complementar.

Particularmente, tenho expectativas de que a área educacional possa inserir em suas grades o supra sumo destes conceitos a fim de que possamos perceber uma sociedade mais consciente; sobretudo que minimizem riscos de violação às "Leis" atreladas à Constelação, o que nos proporcionaria uma vida mais plena e estabilizada.

Estamos mais conectados do que pensamos e somos mais responsáveis pelas nossas ações do que imaginamos. Há uma sabedoria sistêmica embutida no coração de cada ser humano que necessita ser enaltecida. Essa sabedoria está em sintonia com a ciência dos sistemas, um dos aspectos mais relevantes ao processo da solução transformacional, inserida na Constelação Sistêmica e originária da conhecida T.G.S. — Teoria Geral dos Sistemas — que o biólogo austríaco Ludwig Von Bertalanffy, por volta de 1950, já relatava ser uma ciência aplicável a qualquer área evolutiva do conhecimento.

Finalizando, certifico que os capítulos que formam esta obra contribuirão de maneira significativa para você, que objetiva edificar uma vida equilibrada, plena e estabilizada, desconstruindo paradigmas, desmistificando conceitos que estão totalmente às margens de aspectos religiosos ou místicos, regras e estagnação. Ao mergulhar, estudar, pesquisar e trabalhar com as Constelações Sistêmicas, comprovei que ela está mais conectada à ciência do que imaginava, por isso compactuo com suas constantes atualizações. Isso proporciona segurança e garantia de que seus resultados concretos e sustentáveis continuem reparando desconfortos nas vidas das pessoas, para que qualquer sistema possa ser mais alinhado e organizado, como deve ser.

Cássio Leonardo Corazzari
Professional Capacitation by
B. Hellinger,
J. Schneider,
B. Lipton &
R. Sheldrake

1

AS HERANÇAS E OS VÍNCULOS INVISÍVEIS

Compreender que necessitamos ter a consciência plena de que a ciência contemporânea comprova que muitos comportamentos, hábitos e crenças, que ainda estão inseridos em nosso sistema orgânico, não devem nos fazer de vítimas, pois temos propriedade e responsabilização de escolhermos e seguirmos nossas vidas de acordo com o modelo mais afinado com cada padrão e estilo comportamental.

CÁSSIO LEONARDO CORAZZARI

Cássio Leonardo Corazzari

- Constelação Familiar e Organizacional com Bert Hellinger.
- Campo Morfogenético com Rupert Sheldrake.
- Epigenética com Bruce H. Lipton.
- Física Quântica com especialização em Homeostase.
- Hipnose Ericksoniana com PHD. Dr. Stephen Paul Adler.
- Internacional em *Coaching* com certificação ICI (International Association of Coaching Institutes).
- *Assessment* Pessoal e de Equipes – Metodologia DISC.
- *Master trainer* em PNL – Programação NeuroLinguística, com dezenas de cursos nacionais e internacionais nesse segmento.
- Grafólogo - reconhecimento dos traços que permeiam a personalidade.
- Oratória e Expressão Verbal pelo Instituto Reinaldo Polito.
- Neurociência do Comportamento.
- Consultor & mentor empresarial e pessoal.
- Fundador e coordenador do Grupo iDHEall – Desenvolvimento Humano Essencial para todos — desde 2001. Esse grupo é o único trabalho social desenvolvido no Brasil na área do desenvolvimento humano.
- Atua na área do desenvolvimento humano há 31 anos.
- Faculdade de Engenharia Civil e formação em Planejamento de Vendas.

Contatos
www.idheall.com.br
www.metavisao4d.com.br
cássio@idheall.com.br
cassio@metavisão4d.com.br
Instagram: @cassiocorazzari

Todos nós fazemos parte de uma teia de relações interpessoais cujo princípio perde-se na trilha da História. Nossa família tem origens remotas e nem sempre sabemos de onde viemos, o que é aquisição nossa ou um traço familiar herdado que atravessa gerações e nos alcança até hoje. Folheando o velho álbum de retratos familiares, notamos bastantes semelhanças físicas, fisiológicas, profissionais, entre outras em relação aos nossos ancestrais.

Vivemos numa inconsciência, às vezes nociva, a respeito de quem realmente somos, de onde viemos e para onde caminhamos. Somos parte de um sistema em um processo evolutivo contínuo que vem de longe no tempo e que segue tecendo uma rede invisível de relações em que passado, presente e futuro não existem como os concebemos, mas estão em permanente interação, carregando informações e transmitindo para as gerações posteriores. Não carregamos apenas a bagagem genética, mas os débitos, os créditos e as lealdades das gerações anteriores em busca de equilíbrio, ordem e manutenção de sua existência. Nessa rede familiar, nosso destino está firmemente entrelaçado com o destino dos nossos ancestrais, pois os elos consanguíneos são perpétuos.

A Constelação Sistêmica teve origem com o psicoterapeuta alemão Bert Hellinger. É um caminho de evolução no campo pessoal, familiar e profissional. É denominada sistêmica porque enxerga o indivíduo dentro de um contexto sistêmico e não fragmentado. Para quem olha a Constelação Sistêmica como um processo terapêutico, pode denominá-la de uma terapia breve devido à velocidade e sustentabilidade de seus resultados propostos, enxergando raízes profundas e históricas de problemas ou limitações atuais, encontrando e apresentando seus caminhos de solução. Tem como propósitos e funções: servir a vida com plenitude nas suas mais diversas áreas; trazer à tona e perceber os emaranhamentos sistêmicos, proporcionando nova direção e solução na vida, apresentar novos "posicionamentos" dentro do sistema.

O grande *insight* de Bert partiu da observação da influência das 3 Leis Sistêmicas do Amor, e como elas eram relevantes para explicar as desordens dentro dos sistemas. A partir de então, ele caminhou na direção de expandir o conhecimento da constelação, por meio da prática. Nunca se preocupou em explicar o porquê e como a Constelação Sistêmica funcionava. Passou sua carreira observando os efeitos que ela trazia ao participante, constelado e a si mesmo. Bert se deparou com essa dinâmica empírica e fenomenológica nos anos 70, executando seus trabalhos na tribo zulu no sul da África e evidenciou os resultados apresentados em dezenas de problemas e limitações que até hoje impactam na vida e no sistema humano.

Na prática, a constelação sistêmica demonstra que muitos de nossos problemas, doenças, incompreensões e sentimentos desconfortáveis podem estar ligados a outros elementos familiares que passaram por essas mesmas adversidades. Importante ressaltar que a Constelação Sistêmica, apesar de respeitar todas as crenças místicas e religiosas, não tem, absolutamente, relação com nenhuma delas.

A constelação sistêmica é realizada por um profissional com habilidades para ajudar em alguns aspectos significativos tais como: tornar visíveis as dinâmicas das relações humanas em qualquer contexto e proporcionar as soluções, as causas dos padrões de sofrimento de uma pessoa ou de uma organização; restabelecer o fluxo harmonioso do sistema permitindo maior paz, saúde e abundância; certificar-se a respeito das melhores escolhas, possibilidades e decisões.

O conceito da rede sistêmica

É comparada com uma teia de aranha em que os fios se entrelaçam, interligam diversas áreas e formam uma rede simples. Observemos o funcionamento da Internet: milhares de pessoas em todo o mundo que se comunicam, cruzam incontáveis informações entre si continuamente sem que se vejam ou se falem e formam um sistema de rede complexo (*network*). São as redes psicossociais: correntes psicológicas geradas pelos seres humanos que delas participam. Segundo cientistas da atualidade, esse modelo de organização pode ser identificado em todos os sistemas vivos. As redes determinam as próprias fronteiras, retroalimentam-se continuamente, produzem seus componentes e se "auto-organizam". São sistemas fechados e abertos: fechados em relação a si mesmos e abertos em relação às trocas de energia e matéria com o meio, mas não organizados por ele. A ordem e o comportamento do sistema não são determinados pelo meio, mas pelo próprio sistema. Pode-se considerar que o grupo familiar está submetido às mesmas leis que regem os sistemas de rede. Do ponto de vista da estrutura, a família é um sistema aberto que está sempre distante do verdadeiro equilíbrio, mas que também é um sistema fechado quando o observamos sob a ótica do padrão de organização. Vejamos um exemplo simples sobre a percepção sistêmica: quando um membro da família contrai matrimônio, a outra pessoa passa a fazer parte do grupo familiar (sistema aberto) e sua inserção no sistema modifica a estrutura familiar. Contudo, o novo membro não poderá determinar quais serão as obrigações dos outros membros da família. Dificilmente alguém de fora do grupo pode determinar a organização dos papéis dentro da família (sistema fechado).

Uma transformação de modelos mentais

Talvez seja essa condição de transcender modelos mentais e dar soluções às verdades do passado que alimentam os incômodos, limitações e desconfortos. Na verdade, o processo da constelação sistêmica tem grande precisão, pois sua percepção permeia a busca da origem de qualquer limitação ou problema. Muitas vezes, pela minha observação dos casos que tenho contato, as pessoas vêm em busca de algo complexo, quando na verdade é mais simples que se imagina. Como dizia o pai da constelação sistêmica, Bert Hellinger: "o essencial é simples" (do livro: *O Essencial é simples,* de Bert Hellinger – 2004 – Editora Atman)

Hellinger contou com muitos estudos para embasar seu trabalho, contribuindo relevantemente com o que a Constelação Sistêmica representa em centenas de países atualmente, inserida com muita propriedade em diversas áreas, tais como: educação, relacionamentos, jurídica, profissional e outras. A sua base foi construída sob várias influências, experiências científicas e técnicas terapêuticas, tais como: o Psicodrama de Moreno, uma terapia das Famílias Simuladas; Esculturas familiares, de Virginia Satir; Fundamentações do inconsciente coletivo de Jung; Vínculos Invisíveis do psiquiatra e pesquisador Ivan Nagy; além da psicanálise, psicologia, terapia Gestalt, análise transacional, hipnoterapia e programação neurolinguística (PNL), entre outras.

Os vínculos e a lealdade invisível

Vínculos invisíveis são comportamentos, pensamentos, atitudes, crenças e até sentimentos que se repetem inconscientemente como forma de lealdade ao sistema familiar a que um ser humano pertence. Assuntos pendentes, questões que não foram resolvidas, pessoas que foram excluídas e não foram reverenciadas com respeito ou honradas devidamente acabam influenciando as gerações seguintes.

Há centenas de anos, os nativos já sabiam disso e acrescentam que sete gerações antecessoras nos influenciam e influenciaremos sete seguintes. Por outro lado, estudos científicos cravam que temos acesso ao campo de memória inconsciente, uma espécie de "Icloud" ou "HD familiar", de no máximo quatro gerações ascendentes. Trata-se de uma totalidade abrangente, um campo perceptual disponível, mas muitas vezes inconsciente. "Toda estrutura, seja uma organização, um organismo ou um sistema, vive num campo mórfico que atua como uma memória onde estão armazenadas todas as informações importantes do sistema. Portanto, todos os elementos individuais ou como partes do todo, estão em ressonância sistêmica. Cada parte dessa estrutura, portanto, cada membro desse sistema ou cada indivíduo de uma organização participa do conhecimento sobre o todo. Nesse sentido, a memória não é observada como uma função ou uma conquista pessoal de nosso cérebro, mas como um "campo de memória".

Quando esses vínculos invisíveis tornam-se claros, é possível transformar a sensação inconsciente feita por meio da repetição de padrão comportamental em percepção mais consciente, sendo assim desnecessário continuar com aquele comportamento, se libertando e possibilitando novas escolhas de vida. É interessante como pessoas que possuem valores éticos acabam por serem impelidas a praticar ações contra esses valores, movidas por uma carga energética e hierárquica de seus antepassados. Ressalto, como exemplo, que "em família de ladrão, quem não rouba se sente culpado". Para se sentirem pertencentes ao sistema familiar, sentem-se confortáveis em realizar os movimentos repetitivos. Outras pessoas acabam por trair seus parceiros para ser leais aos seus ancestrais que fizeram o mesmo. É muito forte o magnetismo do campo familiar. Nas culturas nativas e também na cultura oriental, é comum fazer reverência e homenagens aos ancestrais. São deles que vem a força de vida.

Para realinhar e reposicionar um sistema que está com esses emaranhamentos repetitivos, desenvolvemos e inserimos as frases de cura e transformação para que a pessoa possa "se soltar e/ou se libertar" desses vínculos invisíveis. Tenho atualizado essas frases de cura e transformação, por meio dos estudos da homeostase da física quântica, o que vem proporcionando resultados surpreendentes e sustentáveis.

Pequenos gestos promovem cura, transformação e evolução pessoal ou profissional, reconciliação entre elementos da família; promovem libertação e "desmaranhamentos", naturalmente fazendo com que os descendentes não repitam destinos difíceis ou limitantes. Pelo contrário, as evidências comprovam que eles seguem uma vida mais harmônica, equilibrada e com mais fluidez, seguindo cada qual seu destino, como deve ser. Reverenciar os ancestrais nos permite perceber que a vida vem de muito longe e o quanto ela deve ser sagrada e respeitada. Estamos neste mundo para seguirmos nossos propósitos e merecemos viver esta vida com plenitude, felicidade e evolução.

Dentro desse contexto, quero enaltecer as lealdades invisíveis, uma forma inconsciente de honrar nossos antepassados, repetindo crenças, comportamentos, hábitos, doenças e destinos pelas gerações de um sistema familiar. Inconscientemente, por amor e reverência a quem nos deu a vida, podemos partilhar da dor deles, sem nos dar conta disso.

Conseguimos entender que recebemos influências ancestrais na nossa criação familiar e é importante ressaltar que, ao longo da vida, temos liberdade de escolha para determinarmos, de acordo com nosso modelo cultural, o que eu aceito e quero carregar comigo em minha vida. Por meio dela, adquirimos a cultura, as regras e as ideias estabelecidas na nossa família de origem. O que a constelação sistêmica apresenta claramente é que há uma postura interna e inconsciente conduzida pela lealdade ao nosso sistema que nos deixa disponíveis para receber influências mais profundas, presentes no inconsciente familiar.

Assim, experiências difíceis, ocorridas dentro de nossa conexão familiar, podem ser trazidas à tona novamente pela dinâmica de repetição. Repetir significa gerar uma situação em nossa vida atual que reflita os resultados de um acontecimento com algum de nossos antepassados. Assim, pode-se "experienciar" o fracasso profissional caso a pessoa, na sua vida atual, esteja identificada com um avô, por exemplo, que perdeu tudo o que tinha por uma dificuldade no seu campo de trabalho. Dentro desse olhar, a constelação tem propriedade de reparar essa limitação para que o constelado possa seguir sua vida sem amarras que não lhe pertencem.

O efeito transgeracional

A família começou a ser alvo de investigação clínica em meados de 1930, quando se sugeria a terapia familiar como uma maneira de restaurar o equilíbrio sistêmico. Por volta de 1950, Gregory Bateson, antropólogo americano, desenvolveu pesquisas na Califórnia sobre a relação comunicacional entre elementos familiares. Este e outros estudiosos das dinâmicas familiares concentraram seus esforços e suas pesquisas em questões como as estruturas familiares, que eram e são, fatores preponderantes na eclosão dos desequilíbrios psicodinâmicos nas famílias.

Hellinger, na década de 1970, já falava sobre o peso da exclusão e suas consequências e já utilizava a constelação sistêmica para restabelecer a harmonia nos sistemas familiares desorganizados, alinhando e reposicionando seus elementos.

A partir de 1991, Ivan Nagy foi o grande introdutor do conceito de lealdade no trabalho psicoterapêutico com famílias. Ele enfatizou a importância das lealdades invisíveis, da repetição transgeracional de segredos, profissões e até mesmo de emoções fortes nas famílias, enquanto Hellinger, nessa mesma época, postulava que os antepassados transmitem não apenas sua bagagem genética, mas também as próprias vidas e destinos e nós fazemos o mesmo com nossos descendentes.

Estudiosos e pesquisadores das questões psicogenealógicas escrevem há mais de quarenta anos sobre fatos que se repetem nas famílias ao longo de séculos e vínculos que atravessam gerações. Atualmente, podemos concluir que a sombra dos nossos ancestrais é bem maior do que imaginávamos.

2

ASPECTOS FENOMENOLÓGICOS DA CONSTELAÇÃO INDIVIDUAL COM BONECOS

O processo da constelação sistêmica, atrelado ao desenvolvimento evolutivo em diversas áreas da vida, sobretudo no campo familiar, profissional e pessoal, transcende e se atualiza ao longo dos anos, e uma de suas vertentes é o importante trabalho individual e com bonecos. Importante compreender, neste capítulo, que, ao contrário do que muitos pensam, o criador dessa vertente não foi Bert Hellinger.

CÁSSIO LEONARDO CORAZZARI

Cássio Leonardo Corazzari

- Constelação Familiar e Organizacional com Bert Hellinger.
- Campo Morfogenético com Rupert Sheldrake.
- Epigenética com Bruce H. Lipton.
- Física Quântica com especialização em Homeostase.
- Hipnose Ericksoniana com PHD. Dr. Stephen Paul Adler.
- Internacional em *Coaching* com certificação ICI (International Association of Coaching Institutes).
- *Assessment* Pessoal e de Equipes – Metodologia DISC.
- *Master trainer* em PNL – Programação NeuroLinguística, com dezenas de cursos nacionais e internacionais nesse segmento.
- Grafólogo- reconhecimento dos traços que permeiam a personalidade.
- Oratória e Expressão Verbal pelo Instituto Reinaldo Polito.
- Neurociência do Comportamento.
- Consultor & mentor empresarial e pessoal.
- Fundador e coordenador do Grupo iDHEall – Desenvolvimento Humano Essencial para todos — desde 2001. Esse grupo é o único trabalho social desenvolvido no Brasil na área do desenvolvimento humano.
- Atua na área do desenvolvimento humano há 31 anos.
- Faculdade de Engenharia Civil e formação em Planejamento de Vendas.

Contatos

www.idheall.com.br
www.metavisao4d.com.br
cássio@idheall.com.br
cassio@metavisão4d.com.br
Instagram: @cassiocorazzari

As constelações sistêmicas familiares e empresariais se tornaram bem conhecidas como um trabalho vivencial em grupos com pessoas na década de oitenta. Seu desenvolvimento, assim como as áreas afins do processo sistêmico orientado às soluções e à psicoterapia fenomenológica, alcançou importância fundamental nas áreas psicossociais e em diversas abordagens do contexto do desenvolvimento pessoal, familiar e profissional.

O processo do desenvolvimento das constelações sistêmicas com bonecos é de origem do casal Schneider, Jacob e Sieglinde. Relata-se que Jacob Schneider, nas primeiras tentativas para trabalhar com esse método, carregava uma sacola com os "playmobils" do seu filho, levando-os para lugares em que não tinha o apoio de um grupo para os seus trabalhos de terapias e aconselhamentos. Entre esses lugares estão inclusos um centro de aconselhamento de famílias e casamentos, clínicas psicossomáticas, pequenos grupos de supervisão e as próprias práticas de consultorias privadas. Estavam compelidos de alguma forma a proceder na direção das constelações que, após sua primeira experiência nesse contexto em grupos e com pessoas, já estava certo que esse seria o seu método e a maneira de desenvolver seus trabalhos. Schneider percebe que era prático, fácil de carregar e possuía poucas variações entre elas: simplesmente homens e mulheres em várias combinações de cores. Dessa maneira, foi ganhando experiência sem nenhuma opinião ou objeção externa. Nessa época, não tinha certeza de que ainda era possível comprar esses bonecos Playmobil mais simples. Entretanto, o tipo de figura utilizada não é o mais relevante.

Assim como nas vivências com pessoas, é tarefa do constelador, profissional que está a serviço do campo, ter a habilidade de sentir o sistema e expressar os sentimentos que refletem a dinâmica familiar ou empresarial. É de sua responsabilidade ajudar a "alma do sistema" do constelado, trazendo para o consciente o que está sendo ofuscado, revelando abertamente, utilizando frases de cura e transformação que proporcionam resultados significativos, até mesmo por estarem atreladas aos aspectos relacionados à homeostase da física quântica. Elas podem ser pronunciadas em diversos contextos distintos, tais como: quando o constelado está com dificuldades em tomar o seu novo lugar no sistema ou quando a solução que encontramos ainda não "ajustou" ou parece necessitar de mais aprofundamento ou elucidação. Frequentemente, a parte mais importante do processo em uma constelação individual com bonecos é ser tocado pelas frases de transformação que revelam a profundidade das conexões.

A fenomenologia e o campo morfogenético

A abordagem da constelação sistêmica é fenomenológica. A Fenomenologia é uma área da filosofia humanista de tradição alemã que proporciona uma proposta ao ser humano como ele se apresenta, sem interpretações e sem aspectos teóricos. Ela vai na contramão da ciência reducionista aplicada ao homem, não dando interpretação ao que acontece, apenas esperando o que emergirá do "campo".

A Fenomenologia foi inicialmente concebida como um método da crítica do conhecimento universal das essências, ou ainda, da ontologia. Corrente fundadora do pensamento contemporâneo, inscrita no final do século XIX e início do século XX, a fenomenologia está estritamente ligada a Edmund Husserl (1859-1938), seu fundador e iniciador. Compreendida como um método da crítica do conhecimento universal das essências, a fenomenologia tem por objetivo a constituição da ciência do conhecimento ou doutrina universal das essências. Husserl se interessou muito pela psicologia, principalmente encarando-a como objeto de estudo da consciência (memória, aprendizagem, atenção etc.).

A fenomenologia é um princípio de transparência em que o constelador e constelado se fundem num único elemento, ou seja, não estão separados. Cabe então, no contexto das constelações sistêmicas, convidar o Constelado a ter uma percepção "relevante" do processo que ocorre no campo e, por intermédio dele, nos conectamos a esses movimentos fenomenológicos, que nos permite uma percepção profunda, mais facilidade e segurança para executar com precisão esse trabalho.

Os resultados da constelação sistêmica , especificamente com bonecos, proporcionam um método direto e eficaz ao representar membros familiares ou empresariais do sistema em questão. Ao dispor os bonecos em uma mesa giratória, representada pelo campo morfogenético, ou seja, o campo informacional dos seres vivos, criado pelo cientista e biólogo inglês Rupert Sheldrake, no qual é relevante desenvolver o processo da constelação, revelando resultados extraordinários, sustentáveis e sistêmicos. Importante salientar que "morfo" vem da palavra grega *morphé* que significa "forma" e "genética" vem de *gênesis* que significa "origem". Aquilo que acontece no agora pode estar atrelado àquilo que aconteceu antes. A memória é inerente à natureza e é transmitida por um processo chamado ressonância mórfica, que atua no campo morfogénetico, a saber, onde se desenvolve todo o processo, diagnóstico e solução, que o constelado busca reparar em seu sistema. Nesse campo, toda a memória de nossa rede coletiva familiar (armazenada em uma espécie de "iCloud" ou "HD Familiar") está inserida e age sobre os que fazem parte dela.

O desenvolvimento do processo

Primeiramente, existem problemas que podem ser solucionados por mudanças no comportamento do constelado, por meio do aprendizado, criatividade e até espiritualidade. Nesse caso a preocupação é, até certo ponto, com algum tipo de atividade mental que o libere de pensar e agir de maneiras que bloqueiam a solução.

Há também a área dos traumas, as feridas profundas que geralmente se relacionam com amores interrompidos, movimentos não concluídos de aproximação à mãe, ao pai, outra pessoa importante ou até mesmo à própria vida, além de ciclo que deveria estar concluído, e continua aberto dentro do sistema. Essas feridas traumáticas frequentemente nascem de experiências da infância e podem ser resolvidas por um processo retroativo de cura da alma, que é essencial à vida.

Finalmente, existe uma vasta área de conexões e liberações nos relacionamentos. Problemas podem aparecer em uma conexão profunda de uma pessoa a um destino comum e suas consequências, primeiramente dentro da sua família e das conexões com pessoas próximas a ela. A solução é encontrada por meio de *insights* dentro das ordens do amor. As soluções emergem pelo olhar para todo o sistema de relacionamentos. Todos os membros do sistema devem permitir que os acontecimentos do passado permaneçam realmente no passado.

Os equívocos que podem ser produzidos durante a execução de uma constelação individual são basicamente os mesmos presentes na constelação em grupo.

- Trabalhar sem o constelado estar realmente preparado para a constelação ou decidido por fazer o processo;
- Seguir um padrão predeterminado que não permita que nada novo e diferente emerja;

- Trabalhar com muita informação e intoxicar o sistema com as informações colhidas antes do processo;
- Ser influenciado por padrões visuais ou associações que não encontram harmonia na alma.

O principal desafio das constelações com bonecos, comparada com uma constelação em grupo, é que não é possível entrar em contato com as dinâmicas do sistema por meio das declarações dos representantes, o que necessita de maior habilidade e experiência do profissional e facilitador constelador.

Um dos aspectos mais relevantes no processo é a empatia e confiança entre constelador e constelado. Isso pode ser muito surpreendente nos resultados finais para atender as necessidades do constelado, pois desemaranha e a solução surge de maneira inesperada e silenciosa.

Bonecos e o trabalho do movimento d'alma

Constelação individual com bonecos pode ser limitada a uma representação visual que utilizei em meus primeiros anos, trabalhando exclusivamente em ambientes corporativos. As figuras providenciam uma ponte visual, uma descrição gráfica do que está em discussão, um método que permite sugestões indiretas. Tudo isso é muito útil, mas uma constelação oferece mais. É incrível como ela estabelece um espaço para alma em qual a "alma do grupo" pode ter ressonância. Essa ressonância é o elo de conexão entre constelador e constelado.

O trabalho de constelação me toca e comove profundamente quando observo os resultados relatados. O que se apresenta dentro do campo é algo difícil de descrever, mas é visível e perceptível no olhar das pessoas que estão envolvidas no processo. O que surge é um campo de ressonância, uma espécie de consciência coletiva que emerge dentre os integrantes de um sistema.

A profundidade surpreendente da sensação energética não é oriunda exclusivamente do processo da constelação sistêmica, em minha humilde percepção, é emergida por meio da "ressonância mórfica" que é algo conectado por palavras e frases que refletem verdades básicas que esclarecem e proporcionam conexão, transformação e cura. As experiências profundas e comoventes também surgem dos aspectos fisiológicos e das expressões físicas do constelado, oriundos do movimento D'Alma.

Em um processo de constelação individual com bonecos e na imagem da solução, o constelado experimenta algo que pode ser levado para sua vida, proporcionando resultados imediatos e sustentáveis, frequentemente se desdobrando em sua *performance* e potencialidade.

Os estudos e pesquisas contemporâneos

Estudos modernos e novos conhecimentos científicos ampliam a fronteira do conhecimento humano.

É comum para quem inicia o contato com o processo da constelação sistêmica uma ligeira complexidade de entender do que se trata essa ferramenta. Pode ser confundido com algo milagroso ou mágico, mas ao se pesquisar e vivenciar sobre as constelações sistêmicas, essas ideias caem por terra e aos poucos a compreensão real aparece: o conceito dos campos sistêmicos é comprovado pela ciência e pelas pesquisas atuais.

Um pouco do que vemos em uma constelação sistêmica é explicado em grande parte pelo estudo do modelo fenomenológico de Edmund Husserl (1859-1938), que foi o primeiro teórico dentro desse campo. Por ser composto por energia, o mundo sensível não é completamente óbvio à nossa consciência, por isso é saudável duvidar de suas manifestações, assim como é positivo a suspensão de juízo ao percebê-lo. Ter uma atitude fenomenológica é ter um olhar sem julgamentos e juízos do ego. É saber que perceber com os sentidos é o que vem do centro vazio, concentrado entre a percepção e a intuição.

Em seguida, aparecem outros estudos e pesquisas científicas e, o mais relevante que destaco para ampliar os resultados no processo da constelação sistêmica é a epigenética.

É fato que conhecemos a Genética (traços físicos herdados). É fato que conhecemos a genética (traços físicos herdados), porém a epigenética está atrelada a pensamentos, hábitos, crenças e comportamentos também herdados.

O americano Bruce Harold Lipton, em 1982, começou a investigar por meio dos princípios da física quântica o modo como eles podem ser integrados na compreensão dos sistemas de processamento das informações contidas na célula. Realizou diversos estudos sobre o cérebro da célula. Sua pesquisa na Faculdade de Medicina da Universidade de Stanford foi realizada entre 1987 e 1992. De suas descobertas, emergiu um dos campos mais importantes de estudo científico, a epigenética. Bruce é atualmente considerado uma das principais vozes das ciências biológicas.

Os estudos e pesquisas da epigenética contribuem relevantemente para compreender as soluções inerentes do processo da constelação sistêmica. É um termo que se refere a uma informação genética extra que, com ajuda de modificações de cromatina e DNA, excita ou inibe determinados genes. Epigenética (do grego *epi*, "sobre", e *génesis*, "origem", "criação") é o que influencia características em nós que não envolvem mudanças nas sequências de bases do DNA. Esses estudos continuam sendo atualizados e os últimos resultados foram apresentados durante o Simpósio Internacional Integração Corpo Mente Meio, no dia 12 de março de 2013.

O acompanhamento pós-constelação

Raramente há a necessidade de um acompanhamento pós-execução do processo das constelações sistêmicas, principalmente quando fora desenvolvido com muito critério técnico e ética profissional. Porém, caso isso seja relevante, para garantir os resultados apresentados, tenho por hábito me disponibilizar para o constelado, garantindo sua tranquilidade e segurança enquanto a energia oriunda do campo morfogenético emerge no seu sistema e para eventuais necessidades de alguma ação, ou ainda, elucidar algum detalhe específico percebido no processo para lhe garantir mais equilíbrio emocional, fluidez e harmonia, dando continuidade natural em sua vida.

3

CONSTELAÇÃO SISTÊMICA EMPRESARIAL

Constelação Sistêmica Empresarial, como já diz o nome, é um sistema inserido em um sistema maior, a empresa. É um método de resolução de conflitos que permeiam pessoas dentro de uma empresa ou dentro da família. Sistêmico pois analisa o sujeito e suas ações a partir do seu mapa mental originário da sua família. Estuda as emoções e energias que, consciente e inconscientemente, aparecem no dia a dia de qualquer executivo ou colaborador.

AGENOR BRANDALISE

Agenor Brandalise

CEO do Instituto Agebran — Desenvolvimento Humano. Possui formações em Psicodrama Pedagógico, Constelação Sistêmica, Eneacoaching e Master Coaching Ontológico. É renascedor, master avatar, *master coach*, *meta coach* neuro-semântica, analista innermetrix, *master trainer* pela *Dale Carnegie Course*, *coach* em PNL e analista HDI. Franqueado há 40 anos da *Dale Carnegie Associates* Inc. Foi técnico das seleções paranaense e catarinense de ciclismo e técnico da seleção brasileira nos Jogos Pan-americanos de Caracas em 1983. Ocupou o cargo de vice-presidente da Confederação Brasileira de Ciclismo entre 1978 e 1980.

Contatos
agenor@agebran.com.br
41 998814344

É um sistema: uma pessoa ou mais agrupadas em um objetivo único. Ou seja, quando duas pessoas ou mais se aproximam é o que Bert Hellinger chamou de sistema familiar, que pode ser social ou dentro de uma empresa, e nela existem vários sistemas.

Essas pessoas têm um objetivo comum ou procuram um objetivo comum.

Por exemplo, uma família formada por vários membros tem, no fundo, um objetivo que é sobreviver. Já em uma empresa, temos os donos, os sócios e os funcionários: aí está um sistema e vários sistemas dentro de um mesmo sistema.

Formamos sistemas porque estamos incompletos, por isso procuramos outros para montar um sistema. Eu necessito algo dele e ele necessita algo de mim, entramos em ressonância. Com isso nasce ou cria-se um relacionamento. É uma troca energética em quantidade e principalmente, qualidade; caso contrário, teremos um desequilíbrio.

Nisso ou nesse sistema, temos alguns pontos ou leis. Primeiro: quem pertence a esse sistema? Segundo: qual o seu lugar nesse sistema? Terceiro: é importante saber de dar o necessário e tomar o que é seu.

E nesse, como em qualquer sistema, temos leis que chamamos de leis do amor:

1. Pertencimento: sentir-se pertencente àquele sistema;
2. Hierarquia: em que posição estou ou estão em relação a mim e eu a eles? Em uma empresa: diretor/ gerente / supervisor / fiscal / auxiliar;
3. Equilíbrio entre dar e receber: uso exemplos de uma empresa, pois fica mais fácil para eu explicar e você dificilmente entraria na emoção se eu falasse "nosso pai não contribui nada para meu sistema triunfar ou fracassar", você perderia algumas linhas, me questionando. Então, o quanto você oferece e o quanto te dão em quantidade e qualidade.

Existem alguns sentimentos que decidi por cunhar o acróstico MARTA:

- **M**edo: criado quando criança, aos nos sentirmos abandonados;
- **A**legria: quando crianças, sentíamos que os pais estavam em paz e em harmonia;
- **R**aiva: quando sentíamos que nossos pais não nos entendiam, não sentiam o que eu estava sentindo, que raiva que nos dava;
- **T**risteza: quando sentíamos que não éramos bem quistos pelos pais ou reprovados por alguém do sistema;
- **A**mor: hoje traduzimos por amor e o sentimos quando nossa criança interior se sente grata pela infância que tivemos ou por reconhecimento de alguma bondade feita por alguém de um dos sistemas que pertencemos. Pertencemos a um bom número de sistemas. E observe, às vezes, um sistema interfere no outro, fácil, fácil.

Nas constelações, o sistema está sempre fazendo algo, sempre se movimentando e, quanto mais tempo você demora para desvendar esses movimentos, mais cristalizado ele fica, mais distante, se apagando na nossa memória celular. Portanto, dê um *stop*, ou ressignifique a sua ação em seu sistema, modificando a maneira de olhar para isso que está acontecendo e pronto: sua vida que estava indo para o norte vira para o oeste ou leste e seja feliz.

Olha, cuidado! Eu falo muitas vezes e falarei que é assim, sempre assim, ou quem disse que é verdade absoluta? Mentira! É apenas minha interpretação que, na maioria das vezes, ficou como memórias de muitas coisas que eu me lembro do meu passado, da minha infância, que são fantasias: elas não aconteceram, eu inventei. Sabe aquela história de quem conta um conto aumenta um ponto? Sim. Como também, nem sempre, (viu? Tomei o cuidado de dizer nem sempre), mas na maioria das vezes esquecemos o que realmente aconteceu, pois bloqueamos essa lembrança e nossa alma nos resguarda de certos acontecimentos e traumas por amor.

Eu costumo falar, não é verdade, mas pior do que a religião é a igreja. Sim, é como estou falando: quando me lembro de algo do passado, algo pesado, algo que me causou um dano irreversível, estará lá sempre como a religião. O termo, vindo do latim *religionis*, significa "religar-se". Em outras palavras, estou sempre me lembrando daquilo, que deveria esquecer, perdoar, deixar ir na correnteza da vida. Perdoar é preciso, mas como? Aí vem a igreja, que é onde eu frequento, com quem ando, sabemos que somos a média das cinco pessoas com quem mais convivemos.

Não há um modelo a ser seguido para alcançar a felicidade. Existe a felicidade das crianças, que brincam esquecidas de si mesmas, ou dos apaixonados. Tudo isso é muito bonito. Mas, nesse sentido, realização não é felicidade. É estar em harmonia com a grandeza, mas também com o sofrimento e com a morte. Isso possibilita um reconhecimento profundo, dá peso e serenidade. É algo bem tranquilo. É a felicidade como conquista. E não tem a ver com ficar esquecido. Tem a ver com a força interior.

Vejam: quando um homem briga com sua esposa ou quando uma mulher briga com seu marido, isso não é problema, talvez seja a solução. Veja a igreja/casamento, relacionamento/religião, nessa hora o que está acontecendo é o seguinte: eu, o homem, não brigo com minha esposa. Sim, na maioria das vezes, é minha criança interior brigando com minha mãe e, quando minha mulher/esposa briga comigo, ela não briga comigo, é sua criança interior brigando com seu pai.

Façamos as pazes com nossa mãe querida e com nosso pai querido, que tudo se resolve. Vira um bate-papo em cima de uma opinião divergente, como uma compra de uma casa ou de um carro, temos pontos de vistas diferentes e vamos negociando, passo a passo.

Quando estava dirigindo uma reunião lá na minha empresa, por muitos anos, muitas e muitas vezes, eu batia na mesa e dizia: é assim e acabou!

Meus sócios diziam: se é assim, por que marcou reunião? Por que não passou no edital como mudança da norma?

Viu que fácil? Assim sendo, veja o seu passado e ressignifique, levante e perceba de onde vem essa implicância, o conflito com seu cônjuge: certamente, na sua relação com seus pais está o fio da meada. Ou seja, é nossa criança que briga com nosso cônjuge ou com nossos sócios.

Esse conflito, essa raiva e esse medo vêm de nossa infância e muitas, mas muitas coisas estão escondidas a sete chaves, por exemplo: com certeza, fomos abusados na nossa santa ingenuidade. às vezes até mesmo abusados sexualmente. Dizem, não sei se é verdade, que seis meninas em dez foram abusadas sexualmente e que, de cada dez meninos, quatro foram molestados também: é muita sujeira para limpar.

Fomos abandonados; e ser abandonado não necessita ser deixado na porta de uma casa não. A mãe foi fazer seus afazeres e eu fiquei no berço por meia hora sozinho, mas na minha história vou dizer que foi semanas e me sentir rejeitado. Ela tinha coisas para fazer e me deixou de lado, me senti rejeitado e aqui vem um perigo, muitos terapeutas nos orientam para eu ir lá e perdoar a minha mãe, a meu pai. Não. Não temos nada a perdoar no meu pai e na minha querida mãe, eu que tenho que pedir perdão por pensar isso deles, por acreditar que isso era verdade, sim era verdade para aquela criança, ainda sem consciência, na mais pura inconsciência.

Irmãos adotados, um estranho de outro sistema vindo para meu sistema ou vice-versa. Quando recebia excessos de cuidados, de cobranças, com as críticas, com o autoritarismo, com a falta de dinheiro, amor, compaixão.

Quando via as brigas, os desentendimentos entre suas crianças internas, sim pois eles também foram crianças e tiveram os pais que tiveram.

O alcoolismo do meu pai, o machismo do meu pai, a sexualidade de minha mãe, eu ficava doido de raiva quando descobri que meu pai dormia com minha mãe: chulo, mas é verdade.

Então, tenho que constelar esse conflito com meu pai e com minha mãe e me perdoar por julgá-los culpados. Um problema, um conflito, uma angústia, aparece no casal, gerado na nossa infância, para ser resolvido, senão ele não passa, não vai embora do sistema e vai de geração a geração, pelo menos sete gerações. Por isso, o que você oculta do passado o sistema grita, berra, te esfrega na cara descaradamente. Olhe para isso, tenha coragem de constelar. Quando temos irmãos abortados ou tios abortados, assassinatos, traições, politicagem na família ou entre os parentes, roubos a terceiros ou brigas por heranças, vi muitas vezes alguém constelar e o sistema se ajeitar e se resolver. Impressionante, eu mesmo, muitas vezes constelando, vi alguma desavença, mal-entendido com minha esposa ou sócio e, no dia seguinte, recebia uma ligação da pessoa me pedindo desculpas, querendo me pagar um almoço para alinharmos nossa relação.

Grave: como posso criar uma recordação que não aconteceu, como posso ter esquecido um monte de coisas que realmente aconteceram? Muitas vezes a boa solução é difícil, pois nos faz perder a importância.

Correto: o senso de importância é que nos dificulta a solução de problemas, o ego que nos tortura dia e noite nos acusando de fraco ou valentão demais. Você sabe, o nosso ponto de vista cria nossa realidade. Constelar é o ato de reintegrar partes fragmentadas da história. É uma abordagem que atua dentro das famílias, das empresas do *coaching* e tem como objetivo acessar conteúdos inconscientes e reintegrar partes fragmentadas da história desse indivíduo ou pessoas, desse sistema, trazendo a consciência do primeiro ato da concepção até o formato da sua empresa: primeiro emprego, primeiro empregado, primeiro sócio, primeiro negócio, primeira dissolução etc. Cada um é um sistema e cada sistema tem sua solução na nossa infância.

É só olhar com os olhos da nossa da alma, está lá, eu gosto muito da técnica do renascimento, sou também renascedor e nesses momentos podemos resgatar nossa autoestima de maneira rápida, segura e amorosa. Mas isso é outro livro. Quando nos despimos de nossos olhos físicos e adentramos na alma onde está nosso equilíbrio físico, mental, emocional e espiritual, nos despojamos de ego e assim conseguimos interiorizar e sentir o que ela expressa verdadeiramente.

Dizem que os olhos são espelhos da alma, e realmente são. Quando podemos nos conectar com o outro, olhando profundamente dentro de seus olhos, enxergamos coisas que normalmente não enxergaríamos.

Desnudar-se do ego, do orgulho, da inveja, dos sentimentos negativos e confiar na plenitude de ver a essência da alma nos completa, nos eleva e nos traz confiança, por meio desse olhar que revela a verdade de cada um.

Certa vez estava constelando como representante e o tema era medo. Eu me perguntava por que eu fui um empresário bem-sucedido, mas muito cauteloso. Eu tinha uma teoria que chamava da "Espera 24h": após uma oferta, eu decidiria 24h depois e isso me fez perder muitos e bons negócios. Na constelação, me vi subindo um pinheiro quando criança e, ao chegar lá em cima, com meus 8 ou 9 anos, muito ofegante, meu pai em vez de me ensinar como tirar as pinhas que eram meu objetivo, me fala: "Viu? Subiu e agora não dá conta do recado! Desce daí já, ô piá!". O medo de cair e me machucar me paralisou lá em cima e o medo tomou conta. Só fui entender e resolver isso com mais de 40 anos.

Pense nas coisas que você hoje faz como padrão e tenha certeza que foi na infância, pelo bem ou pelo mal, que foi instalado no seu sistema e que só hoje, você querendo, é que poderá trazer para luz com amor e liberar esse sistema que pode estar atrapalhando; senão, deixa quieto. Os movimentos sistêmicos nos dão segurança e quem busca segurança é o menino/menina. Buscamos sair das sombras e saímos por amor ou pela dor e, quando constelamos, liberamo-nos desses conflitos com muito amor. Sim, com amor. Vamos ver por nossos personagens do momento quando que o conflito interno se instalou: é tão sutil que às vezes levam semanas para cair as fichas, o que para outros surgem escancaradamente no campo da constelação. Isso significa que não devemos fazer constelação para conseguir segurança e sim ter segurança para constelar e sair desse emaranhado constrangedor e vampiro das nossas energias emocionais.

Eu não posso ter equilíbrio do dar e tomar com meus pais, pois nessa lei não se aplica com relação aos pais, pois com os pais temos uma dívida eterna e não se aplica a lei do "dar e receber": a eles só devemos e, eternamente, seremos devedores de amor e respeito. Quando isso se resolve dentro de um adulto, todos os conflitos com outros adultos não passarão de um debate político em que o mais eloquente, o mais animado e o mais justo vencerá o embate. Quando busco segurança, por exemplo, buscando um emprego ou um relacionamento, recorro aos ensinamentos de mamãe: segurança vem da mãe, aventura vem do pai. Se sou uma pessoa aventureira, veja que com quase certeza estou repetindo os padrões de comportamento de papai. Parece difícil, mas não impossível, basta você olhar para esses movimentos, alguns nos algemam ao nosso passado, mas ao mesmo tempo nos libertam para o futuro. A vida ficará mais fácil se você decifrar esses movimentos, esses sistemas.

Somos capazes de lidar e mudar nossos sistemas externamente após assumir a autoliderança interna. É até bem fácil. Integrar as informações que vemos e as que não vemos, integrando as nossas emoções e compreendendo como nos movimentamos a partir de como nos sentimos, isso é um sistema. Utilizar nossa inteligência emocional para transmitir informações emocionalmente inteligentes. A vida é composta de experiências e podemos (devemos) experimentar somente as coisas boas. É uma questão de escolha: não aceite essa de que o ruim e as coisas negativas são bem-vindas, se é que podemos chamá-las assim.

As coisas ruins vêm apenas para nos alertar de algo que em nosso sistema não está ajustado. Que tal experimentar a vida com a delicadeza do mundo emocional e um sistema ajustado, ou pelo menos conhecido? Se eu não tenho um motivo para agir diferente, é muito difícil agir diferente. Se eu quero agir diferente, eu preciso me ver, me sentir e me escutar para então olhar para meu sistema, como eu realmente quero agir; e esse querer vem da mãe. Se eu quero segurança e do pai aventura se quero ser levado para minha vida. Eu falo em um treinamento de mente milionária que ministro, saber lidar com dinheiro é observar nossa mãe, dinheiro é com a mãe. Com o pai, é o ser levado ao trabalho, à luta e à batalha, o lado espinhoso de ficar ou passar para o mundo dos milionários.

Para mudar nossas atitudes, nosso sistema, precisamos nos conectar e reconciliar com nossos pais. Lembrem-se da lei da hierarquia: eles vieram antes de nós, só depois é que viemos. É importante ter em mente que nós sentimos, vemos e escutamos o que permitiram que nós aprendêssemos com o que vimos, escutamos e presenciamos. Devemos integrar as emoções que gostaríamos de ter vivido no nosso sistema familiar e que de alguma forma hoje não estão encaixadas perfeitamente em nosso sistema. Após uma constelação, que possibilita ampliar o nosso olhar, eu decido se aquelas emoções serão integradas na minha vida. Posso decidir se vou agir diferente do meu sistema. Eu decido se vou viver a minha vida ou se vou ficar olhando apenas para o que os meus antepassados viveram ou deixaram de viver. Pois se fico apenas olhando para eles, não vivo a minha vida.

É preciso saber separar e ao mesmo tempo integrar, vivendo meu presente independente do meu passado. Deixando meus antepassados tranquilos onde estão, confiando que fizeram da melhor forma que puderam o seu momento e eu faço a mesma coisa vivendo o meu momento presente. Tudo o que eu fizer será em honra e reverência a tudo o que passaram e fizeram por mim, para que agora esteja mais leve para eu passar adiante, com humildade, e força, a força que recebo deles.

Boas constelações, você merece!

Abraços e gratidão.

30 | Constelações sistêmicas

4

UM OLHAR SISTÊMICO NA PEDAGOGIA SISTÊMICA

O presente capítulo relata a aplicabilidade de exercícios sistêmicos em uma escola pública, do Ensino Fundamental I e II, na cidade de Uberlândia-MG, Brasil. A equipe gestora da escola, preocupada com o alto índice de automutilação e suicídio entre os alunos, convidou 4 profissionais que atuam na instituição, sendo 3 consteladores sistêmicos, para desenvolver um projeto que amenize essas questões.

DORCELITA BARBOSA GONÇALVES

Dorcelita Barbosa Gonçalves

Atua na área educacional, em sala de aula (por 17 anos), como tradutora/intérprete de língua de sinais. Formada em Normal Superior e pós-graduação em Psicopedagogia Clínica e Institucional. Atuou em sala de atendimento individual em psicopedagogia durante muito tempo. Busca melhoria nos atendimentos. Formada em Constelação Sistêmica Familiar, mestre em Reike Mikao Usui, Aromaterapia e Psicoaromaterapia. No ano de 2010, publicou o Livro *Termos Musicais em Língua de Sinais*. Atualmente, tem uma sala de atendimento.

Contatos
Lattes: lattes.cnpq.br/1643215333422948
dorcelita@hotmail.com
34 99636-3357

Olhei o meu passado com ternura.
Guardei aprendizados e boas lembranças
em uma caixinha do coração.
Deixei as dores para trás...
Os medos ficaram no retrovisor...
A única prisão, morava na minha mente.
Mas libertei-a com um sorriso otimista.
Livre e leve, para caminhar e escrever...
Na bagagem, gratidão e esperança.
Pronta para uma nova viagem, a cada amanhecer.

Liberte-se de tudo aquilo que te aprisiona.
Seu passado é bagagem, não âncora.
Você está livre. Você é livre.

Gabi Ribas

O presente artigo relata a aplicabilidade de exercícios sistêmicos em uma escola pública, do Ensino Fundamental I e II, na cidade de Uberlândia-MG, Brasil.

A equipe gestora, preocupada com alto índice de automutilação e suicídio entre os adolescentes, convidou 4 profissionais que atuam nesta escola, sendo 3 consteladores sistêmicos, para desenvolverem um projeto que amenize essas questões.

Os profissionais se reuniram e desenvolveram um trabalho terapêutico. Dos 4 profissionais envolvidos nesse projeto, 3 são formados pelo Instituto Quântica para a Vida (CCI), estou entre esses 3 profissionais, com supervisão de Flávia Augusta Queiroz Teixeira Ferreira (pós-graduada pela Hellinger Science). O projeto desenvolvido tem como base o trabalho de Bert Hellinger, natural da Alemanha, psicanalista, teólogo, filósofo e pedagogo. A partir de Hellinger, surgiu o trabalho de Marianne Franke-Gricksch chamado *Você é um de nós*, totalmente dentro da pedagogia sistêmica e que é base para o projeto *Um olhar sistêmico na Pedagogia Sistêmica.*

A constelação sistêmica familiar nos apresenta três leis que compõem a base do sistema familiar. Uma vez que alguma delas esteja fora de ordem, pode causar desequilíbrios. Essas leis são: hierarquia, pertencimento e equilíbrio no dar e receber.

> A Constelação Sistêmica Familiar é uma forma de psicoterapia que acredita que a família é um sistema vivo, no qual todos os membros estão interligados. Dessa forma, o equilíbrio e a saúde mental, física, emocional e espiritual de cada um depende da harmonia entre os familiares. Assim, essa terapia visa buscar soluções simples para problemas pessoais e familiares, que possam estar ligados a algum desajuste ou desequilíbrio na família. (Flávia A.Q.T.Ferreira)

Uma vez que os exercícios sistêmicos são praticados durante o processo terapêutico, são trazidas ordem e estruturação ao indivíduo conforme as leis sistêmicas. Conforme o trabalho de Marianne Franke, o projeto foi desenvolvido em sala de aula de maneira que foram escolhidas 4 turmas com 4 sessões em cada uma, com um encontro semanal. Os alunos receberam orientações de como seria a dinâmica, respeitada a escolha de participarem ou não, ficar ou não na sala. O aluno que participasse teria dois momentos durante o processo: no primeiro momento, trabalharia suas questões pessoais com o auxílio de um colega representante e, em seguida, deveria assumir o papel de representante para que o colega pudesse trabalhar suas questões. Duas salas tiveram uma sessão a mais. Em uma das salas foi necessária uma sessão específica, um trabalho de ancoragem no que diz respeito ao suicídio e à automutilação. Em uma das turmas, os alunos sentiram tão bem que pediram mais "disso", pois "isso é tão bom".

Foi desenvolvido o trabalho sistêmico na sala de aula influenciado pelas experiências e a abordagem sistêmico-fenomenológica de Bert Hellinger, buscando um equilíbrio na saúde mental, física, emocional e espiritual nos adolescentes que participaram do projeto. Utilizando a técnica e vivência da terapia de constelação, olhamos para as dinâmicas de família e observamos o comportamento desses alunos dentro da rotina escolar.

O que é?

Vivência terapêutica de constelação sistêmica familiar.

Com qual finalidade?

Trabalhar temas que focam o autoconhecimento, pertencimento familiar e social, hierarquia, cuidado com o outro e consigo mesmo.

Como?

Por meio de dinâmicas de grupo, rodas de conversa e escuta. Nos momentos de escuta, os alunos puderam expor suas angústias e problemas, tantos osas que acontecem em família quanto os que acontecem na escola. Vivências terapêuticas pela representação.

Quando?

No segundo semestre do ano de 2018, durante as aulas de Educação Artística e Educação Religiosa.

Onde?

Na sala de aula.

Quem?

São 4 profissionais que atuam na escola, sendo 3 terapeutas, uma professora de educação religiosa, com suas respectivas formações acadêmicas. Alunos participantes de 4 turmas com 4 sessões para cada turma.

Com o quê?

Atividade artística com desenho terapêutico em papel A4, lápis de cor. Atividade final com um caderno brochura de uma matéria, xerocópia do texto "Alcance seus Sonhos", papel ou tecido fantasia para encapar o caderno, gravuras para recorde e colagem, construção do *Caderno dos Sonhos* (Gabi Ribas). Contoterapia *O Patinho Feio* (Ipê Roxo-Instituto De Constelação Familiar). Aparelho de som, música *Raridade*.

Relato das vivências

Os profissionais do projeto explicam aos alunos o valor e os benefícios dessa terapia, bem como o respeito com o colega e consigo próprio em manter em sigilo o que acontece durante as sessões.

O primeiro contato dos alunos com o processo sistêmico foi o "desenho terapêutico", em que se pode ler/ver suas angústias, suas dores silenciosas. Mas, durante todas as vivências, no momento de escuta, os alunos relatavam fatos e histórias, que eles diziam: "professora, eu tenho um amigo que...".

Essa frase é a abertura do eu, dos sentimentos sufocados, das angústias não ditas. Até que uma aluna disse: "professora, isso não é com meu amigo: sou eu". A cada encontro, novas histórias foram surgindo. Por meio da representação, foram abordadas questões como o contato com o pai, com a mãe, frases de cura, etc. "Professora, mas como posso aceitar uma mulher que me deu para outra pessoa assim que eu nasci?".

Ao ter representado o pai de um colega, o aluno passa a mão pelo peito e diz: "Nossa! O que é isso? Meu peito parece que vai explodir". Após cada sessão, aconteceu uma roda de conversa. Utilizando a contoterapia, traballhou-se a saga do patinho feio, trazendo para a realidade de cada um o sentimento de pertencimento. No término da terapia, os alunos construíram o "caderno dos Sonhos" com o áudio da música *Raridade*.

Na sala em que se fez necessária uma sessão a mais, aconteceu com a ancoragem do "suicídio e automutilação". Uma reflexão "Por que essa vontade de morrer?", "Por que me corto?". Novamente momento de escuta, frases de cura. "Professora, já tentei tirar a minha vida, na verdade foram 4 vezes".

Durante as sessões, uma aluna procura alguém da equipe gestora e entrega as lâminas que usava para se ferir: "não quero mais isso pra minha vida". Outras três alunas me procuram: "professora, você ajudou a gente, né? Estamos preocupadas com um colega: ele está usando drogas. Nós gostamos muito dele, não podemos deixar isso acontecer".

Em uma escola temos, em média, 22 salas e 3 turnos, com cada sala de aula possuindo aproximadamente 35 alunos. Cada indivíduo com seu sistema familiar, vários professores com seus sistemas, uma equipe gestora com um sistema, uma equipe de profissionais (secretaria, limpeza, cantina) com um sistema. Na escola, temos a maior concentração de sistemas familiares, portanto encontramos nesse ambiente as leis que compõem a constelação sistêmica:

- Primeiro: hierarquia;
- Segundo: pertencimento;
- Terceiro: equilíbrio no dar e receber.

Trabalhar essas leis com amorosidade, respeito e responsabilidade, é caminhar na construção de uma sociedade melhor.

Referências

HELLINGER, B. *A Cura*. Belo Horizonte: Atman, 2011.

HELLINGER, B. *Ordens da Ajuda*. Belo Horizonte: Atman, 2003.

HELLINGER, B. *Ordens do Amor*. São Paulo: Pensamento-Cultrix, 2001.

FRANKE-GRICKSCH, M. *Você é um de nós: percepções e soluções sistêmicas para professores, pais e alunos*. Belo Horizonte: Atman, 2001.

Leitura complementar

CADERNO DA GABI. *Escrita Terapêutica*. Disponível em: <https://cadernodagabi.com.br/category/escrita-terapeutica/>. Acesso em: 26 ago. de 2021.

INSTITUTO IPÊ ROXO. *O que é Constelação Sistêmica de Bert Hellinger? Um lugar para todos*. Disponível em: <https://iperoxo.com/2016/10/19/um-lugar-para-todos/>. Acesso em: 19 out. de 2016.

INSTITUTO IPÊ ROXO. *As 3 leis da Constelação Familiar*. Disponível em: <https://iperoxo.com/>. Acesso em: 15 fev. de 2018.

INSTITUTO IPÊ ROXO. *Contoterapia: A Técnica de Contar Histórias para seus pacientes*. Disponível em: <https://iperoxo.com/2020/03/30/contoterapia/>. Acesso – acesso em: 06 fev. de 2018.

REIPE. *A Constelação Familiar Sistêmica como uma Ferramenta Pedagógica e de Mediação entre Família e Escola*. Disponível em: <https://revistas.udc.es/index.php/reipe/article/view/reipe.2017.0.05.2851>. Acesso em: 16 fev. de 2018.

VITTUDE. *Automutilação: por que uma pessoa faz cortes no próprio corpo?* Disponível em: <vittude.com/blog/automutilacao/>. Acesso em: 07 out. de 2017.

VITTUDE. *Conheça os transtornos mentais por trás do suicídio*. Disponível em: <https://www.vittude.com/blog/transtornos-mentais-por-tras-do-suicidio/>. Acesso em: 24 ago. de 2017.

5

TRANSFORMAÇÃO ATITUDINAL SISTÊMICA
UM OLHAR PELAS ORDENS DO AMOR

Neste capítulo apresento o que vim a chamar de transformação atitudinal sistêmica, mudança comportamental significativa a partir de um olhar ampliado, generoso e integrativo. Um olhar de igualdade apesar das individualidades e particularidades que coexistem em cada um de nós. Uma atitude consciente que contribui para o bem comum.

ESTELLA PARISOTTO LUCAS

Estella Parisotto Lucas

Neuropsicopedagoga clínica; fundadora da Constellate – Educação Sistêmica para a Vida, espaço voltado para a Transformação Atitudinal Sistêmica; escritora membro da Academia Itapemense de Letras - Itapema - SC; terapeuta holística filiada ABRATH; consteladora sistêmica certificada *Metaforum Internacional*/Brasil e Instituto Onukisan; *coach* de vida e carreira certificada pelo Instituto Holos; graduada em Letras — Português e Espanhol — UNIVALI; pós-graduada em Neuropsicopedagogia — UNINTER-PR; pós-graduada com MBA Executivo em Liderança e Consultoria Organizacional – FITS-AL; consultora organizacional especializada em Negócios Internacionais, cadastrada na Confederação Nacional da Indústria – CNI; atuou como técnica extensionista do Programa de Qualificação para Exportação – PEIEX, desenvolvido pela APEX-BRASIL.

Contatos
www.constellatebr.blogspot.com
constellate.br@hotmail.com
Instagram: @constellate.br
Facebook: @constellate.br
47 99240-0873

Era um dia de sol de um inverno brando, uma manhã de sábado em julho. Sentia-me feliz, pois estava quase pronta para começar a última etapa que havia planejado a fim de comemorar os meus 45 anos. Um momento de agradecer a vida.

Sabia que aquele seria um aniversário diferente, mas como sempre gostei de comemorar a data do meu nascimento, decidi que assim continuaria a fazer. Nas minhas memórias, há bolo de chocolate e picolé de groselha: tem alegria, encontros, amigos e minha família.

Sou a primeira de três filhas de um casal. Minhas duas irmãs mais novas são minhas companheiras nesta jornada. Sempre estivemos juntas em grandes aventuras. Quando pequenas, éramos chamadas de "desassombradas", uma maneira carinhosa para descrever três meninas livres e incentivadas a desbravar o mundo.

Amparadas pelos nossos pais, nunca nos limitamos ao espaço do quintal de casa. Desde muito cedo, eles desenvolveram uma maneira peculiar para comemorar os nossos aniversários e nos levavam para parques de diversões, clubes e até trilhas na mata com direito a banho de rio, sempre acompanhadas dos nossos primos e amigos.

Das inúmeras aventuras em família, uma ficou gravada com contornos a mais de amor. Foi durante uma viagem de férias, quando eu deveria ter uns 13 anos. Era verão, os dias estavam lindos e fizemos uma trilha diferente, a mais radical até então. Subimos um morro a pé e, pela mata, fomos até o topo. De lá, embarcamos em um bondinho assustador a princípio, mas nada comparado ao balanço das pontes das Sete Quedas em Guaíra, que tantas vezes atravessamos correndo. Lembro-me que lá em cima me senti tão feliz, estava encantada com o que via, parecia que tudo o que era gigante lá embaixo cabia na palma da minha mão, uma mudança significativa no meu olhar.

No dia seguinte, a aventura continuou e fomos a outro morro, mais alto, com o acesso ainda mais complexo e uma vista maravilhosa, imbatível para os meus poucos anos de vida. Daquele topo, mais uma vez, tive a sensação de que tudo poderia ser alcançado. Percebi o mundo de outra maneira. Tudo poderia caber na palma da minha mão, assim como na mão da estátua, magnificamente, posta sobre todos nós.

Era uma questão de perspectiva. Senti pela primeira vez que, sim, era possível desbravar o mundo. Era possível alcançar o horizonte e de lá partir novamente para outros horizontes, até que um sussurro de saudade me trouxesse novamente para a segurança e aconchego do abraço dos meus pais.

E foi a essa sensação a que me conectei anos depois. Já adulta, com várias peripécias pelo mundo registradas no meu álbum de fotos, queria voltar lá, queria naquele ano, voltar àquele lugar e sentir o abraço do meu pai, mais uma vez.

Aquele aniversário seria o primeiro sem a sua presença física e, na mistura de sentimentos que vivia, ainda no luto, queria mais uma vez agradecer por tudo o que havia recebido dele e da minha mãe e por quem eu havia me tornado. Queria ocupar o meu lugar de gratidão e expressar a minha alegria pela vida, pelos anos que compartilhamos juntos e por tanto ensinamento.

Meu marido topou dividir a experiência e começamos os preparativos. Seria uma viagem com algumas partes: sair de casa, viajar por 1 hora de carro, pegar o avião e ir para o hotel. Não teríamos muito tempo, apenas um final de semana e apenas uma tentativa seria possível. Por sorte, o dia amanheceu brilhante naquele sábado. Meu coração palpitava de felicidade. Íamos mais uma vez até aquele topo.

Quando cheguei ao morro, percebi que, anos depois, a estrutura física estava bem diferente. O acesso era feito de outra forma. Havia restaurantes, bares, lojas e até um museu para os turistas que chegassem. Passamos rapidamente por tudo, queríamos mesmo era subir, completar o que havíamos planejado com tanto amor e dedicação.

Na fila, li um anúncio no luminoso que ficava ao lado direito da porta. Ele dizia que tanto os elevadores quanto as escadas rolantes estavam em manutenção, portanto fora de uso. Fui, imediatamente, tomada por um turbilhão de sentimentos. Uma mistura tão grande que nem sei se consigo descrever tudo aqui para você.

O acesso ao topo, que tanto queria chegar, era possível apenas por uma escadaria com cerca de 250 degraus e subir aquelas escadas, simplesmente, não era para todos.

Na hora lembrei-me mais uma vez do meu pai. Se ele estivesse ali conosco, não subiríamos. Ele estava com dificuldades de locomoção devido a sua condição de saúde e não subiria aqueles degraus. Meu afilhado Guto, um jovem com doença rara, demoraria algum tempo devido às suas dificuldades sensoriais. Não sei se minha avó, nos seus 86 anos de vida, toparia subir ou preferiria ficar esperando lá nas lojinhas, com aquela sensação de "não quero atrapalhar". Outros idosos subiriam? E uma família com um bebê e carrinho? Uma pessoa usuária de cadeiras de rodas poderia naquele luminoso ficar e mais, se eu, em algum momento da vida tivesse com mobilidade reduzida, também não subiria. E você, subiria?

Havia naquele dia um limite imposto por uma estrutura turística, de um monumento considerado uma das maravilhas do mundo moderno que negava um olhar de empatia para todas as pessoas. Estrutura, para não dizer administração, que negligenciava a possibilidade de todos, sem exceções, irem ao mirante do topo, ocuparem quem sabe os seus lugares de gratidão, desfrutarem a deslumbrante paisagem e viverem as emoções que só aquele lugar proporciona.

Eu subi cada um daqueles duzentos e poucos degraus pensando nisso tudo. Pensando que eu, além de já ter tido a oportunidade de estar lá outras vezes, estava subindo degrau por degrau para chegar ao mirante e cheguei. E quantas pessoas estavam lá pela primeira vez, na expectativa de realizarem grandes sonhos e não subiram? Simplesmente foram embora, no mínimo frustradas, com a impossibilidade de ir ao topo. A acessibilidade arquitetônica não lhes havia sido oportunizada.

Essas são práticas, que intencionais ou não (e essa não é a questão aqui) continuam reforçando padrões sociais de exclusões, que selecionam os que sobem ao mirante, como se coubesse a alguém desse lugar o de julgar e determinar quais pessoas poderão viver suas experiências ou não.

Mas será que cabe a alguém esse papel? A alguém assim tão comum como eu ou você. Será que a pessoa ou equipe responsável pela manutenção daquelas escadas rolantes e elevadores teve, por algum momento, ideia da proporção que a falta de atitude para solucionar o problema, poderia ter? E veja, não estou dizendo que havia a opção de usar as escadas rolantes ou os elevadores. Naquele dia, os dois acessos estavam parados e assim ficaram por outros tantos dias, eu procurei saber.

Independentemente do lugar, da importância turística ou da visibilidade, de ser um evento único ou apenas uma rotina, todo e qualquer lugar externo e interno deve ser acessível a todos, sem distinção social, sem mais exclusões. Necessitamos de um olhar de igualdade apesar das individualidades e particularidades que coexistem em cada um de nós. Um olhar que transforma, que leva a ações coletivas significativas.

Isso não é uma utopia! É uma escolha, uma mudança de atitude e que pode ser alcançada pela transformação atitudinal sistêmica que, como o próprio nome diz, é aquela que acontece a partir de um olhar ampliado, generoso e integrativo de todas as partes e suas características únicas. Um olhar para o outro como ele é, sem nenhum tipo de discriminação. Uma atitude consciente de amor. Um promover do pertencimento. Afinal, fazemos todos parte de um todo maior em que todas as vidas importam, tudo o que é vivo importa, tudo o que há importa. Uma percepção de mundo compartilhada com mais generosidade, uma decisão de promover o bem comum.

Pode até parecer muito distante, mas é possível, principalmente se adotamos as lentes da Visão Sistêmica no nosso dia a dia, se concebemos a ideia de que fazemos parte de um destino comum e que, quando contribuo para o meu desenvolvimento, contribuo também para os destinos de outras pessoas.

Bert Hellinger, ao entregar a constelação familiar, chamada por ele mesmo como "ajuda para a vida", propôs o desafio de assumirmos um comportamento positivo que, de alguma forma, beneficie a muitas pessoas. Uma mudança expressiva na forma como nos relacionamos com quem somos e com os outros. Uma maneira de viver e servir à vida.

Portanto, para assumirmos esse comportamento necessitamos, primeiramente, estarmos vivos, requisito mínimo para aprender. Depois, ter atitude, agir, deixar ir tudo aquilo que já não faz mais parte ou se cumpriu e abrir espaço para que o novo chegue e ocupe o seu lugar. Todo esse movimento é ativo e muitas vezes uma quebra de padrão denso registrado na memória coletiva.

Quando compreendemos esse movimento de ciclos e de impermanência, nos abrirmos para uma consciência também mais ampla. Deixamos de atuar apenas na área de abrangência da nossa consciência pessoal e passamos a interagir com o mundo a partir da consciência coletiva ou de clã.

Para Bert Hellinger, existem três leis férreas da consciência coletiva, que ele denominou de ordens do amor: pertencimento, hierarquia e equilíbrio entre dar e receber. Conhecer as suas dinâmicas e promover a harmonia por meio das relações entre elas nos aproxima de relações sociais mais saudáveis, pautadas no respeito, humildade e leveza.

O direito ao pertencimento, uma das ordens do amor, afirma que todos os membros de uma família têm igual direito de pertencer ao clã. Contudo, em muitas famílias, esse direito é negado a alguns membros. Uns dizem aos outros se podem ou não fazer parte. Ocorrem as exclusões que podem causar emaranhamentos e repetições dos padrões que motivaram a ação inicial.

Lembrei-me, em especial, dessa ordem do amor enquanto subia as escadas naquele dia e de como, sem perceber a exclusão que lá acontecia,

44 | Constelações sistêmicas

poderia ser uma forma de dizer para todas as pessoas, inclusive para mim: "Olhe aqui! Olhe aqui com Amor! Há vida aqui! E para a vida, somos todos iguais".

Racionalmente, quando percebemos a vida pelas lentes humanas, corremos o risco de julgar e selecionar pessoas por grupos. Dividimo-nos entre boas ou ruins, por raça, credo, gênero, escolhas políticas, pelo intelecto e por tantos fatores. Culpamos o outro por tudo aquilo que nos acontece e não aprovamos aquilo que não temos coragem de fazer por nós mesmos. Fragmentamo-nos cada vez mais. Nos enfraquecemos enquanto seres que somos, portanto iguais.

Esse olhar de igualdade é um olhar amoroso que integra, fortalece e nos leva a reconhecer que, diante de algo maior, seja como queira chamar, temos os mesmos direitos e compartilhamos o mesmo aprendizado. Façamos, então, o nosso melhor.

Joan Bacardi Garriga, multiplicador das ideias de Hellinger, diz que quando há assentimento dessa visão, nos reconhecemos no outro e, com amor, entramos em sintonia. Ou seja, reconheço meu lugar e dou ao outro o seu em um lindo sim à vida, assim como ela é. Um lindo sim que corrobora a afirmação de Hellinger de que "sou como você e você é como eu."

Uma visão de que o amor, na sua mais pura essência, tem o poder de unir tudo e de aproximar o que estava separado. Uma consciência que vai além da pessoal ou da coletiva de clã, a espiritual, na qual a energia criadora promove a união do que estava separado, já que nessa consciência não existe rejeição ou exclusão. Há empatia, compaixão que faz mover, que supera a visão do bem e do mal e coloca tudo e todos em harmonia com tudo o que foi e que é.

É nessa consciência múltipla que a transformação atitudinal sistêmica acontece, pautada em leis universais que convivem em concordância. Um ir além dos sistemas familiares, um praticar social diário e amplo, com foco lá nas alturas, no mirante mais alto possível, que nos proporciona um caminhar de desenvolvimento. Uma filosofia de vida plena para todos.

Que possamos, então, nos responsabilizarmos pela nossa vida, esta que só nós poderemos viver e permitir que o outro viva a sua. Em harmonia, assumamos essa nova atitude. Quem sabe permitamos que as ações vindas do fundo do coração floresçam e fluam, que contagiem muitos e transformem nosso redor em um belo bailar, afinal, podemos fazer escolhas.

Podemos escolher ser almas companheiras, aquelas que reconhecem a importância uns dos outros e os destinos de cada um, que reconhecem a importância de um abraço em um momento de fragilidade ou de uma palavra de incentivo. Aquelas que encorajam a continuar, que promovem rampas e acessos, um caminho para a equidade consciente, afinal, nunca sabemos em que momento encontraremos as próprias escadas na vida.

Escadas, reais ou imaginárias, mas repletas de desafios. Desafios que, de uma forma ou outra, nos levam do lugar onde nos encontramos agora, para aquele onde todos, absolutamente todos, podem da sua maneira única e insubstituível desfrutar do presente de viver!

Referências

BACARDÍ, J. G. *Viver na Alma: amar o que é, amar o que somos e amar os que são*. Trad. Camilla Bazzoni de Medeiros. Campinas: Saberes Editora, 2011.

HELLINGER, B. *Meu trabalho. Minha Vida: A autobiografia do criador da Constelação Familiar*. Trad. Karina Jannini. São Paulo: Cultrix, 2020.

HELLINGER, B. *O Amor do Espírito na Hellinger Sciencia*. Trad, Tsuyuko Jinno-Spelter, Lorena Richter, Filipa Richter. 5.ed. – Belo Horizonte: Atman, 2019.

HELLINGER, B. *Ordens do Amor: um guia para o trabalho com constelações familiares*. Trad. Newton de Araújo Queiroz. São Paulo: Cultrix, 2007.

6

O OLHAR SISTÊMICO NA RELAÇÃO PAIS E FILHOS

A Constelação Familiar ensina que devemos aceitar pai e mãe como são, sem julgamentos.

> *Se os pais fossem perfeitos, se a mãe fosse a ideal, não seríamos capazes de viver. Somos capazes de viver porque nossos pais têm falhas.*
> Bert Hellinger

Apoiados em Bert, abordaremos alguns tópicos, sem esgota-los, que têm conexão com o relacionamento entre pais e filhos e o seu resultado.

INSTITUTO EQUILÍBRIO HUMANO

Instituto Equilíbrio Humano

O Instituto Equilíbrio Humano nasceu do encontro de oito mulheres consteladoras em busca de autoconhecimento, crescendo daí a missão de auxiliar pessoas no processo de desenvolvimento para melhor qualidade de vida.

A Constelação Familiar Sistêmica tem por objetivo trazer alívio emocional, resolução de conflitos e rompimento de comportamentos traumáticos que abalam a vida no sistema familiar. Em sessões *on-line* ou presenciais, fazemos constelação familiar sistêmica e, quando necessário, empregamos outras ferramentas da PNL, *coaching*, terapias integrativas, direito sistêmico, entre outras. Buscando excelência na qualidade de atendimento, também oferecemos tratamento e acompanhamento pós-sessões com nossas profissionais altamente treinadas e qualificadas. Nossa missão é levar conhecimento para desenvolver equilíbrio pessoal e profissional.

Contatos
https://linktr.ee/institutoequilibriohumano
@institutoequilibriohumano
institutoequilibriohumano@gmail.com

O que é constelação familiar?

Constelação familiar é uma técnica terapêutica desenvolvida, em pesquisa, por Bert Hellinger, que estuda o comportamento de grupos familiares por suas gerações. Verificou-se que temos um inconsciente coletivo e outro individual, e além deles, o inconsciente familiar que atua em cada membro, sendo este último o nosso principal sistema.

Em estudo, constatou-se que para fluir o amor parental é importante que sejam respeitadas as leis do amor ou leis sistêmicas, que podemos resumi-las da seguinte maneira:

1. Lei do Pertencimento: refere-se a cada membro da família em que todos têm o direito de pertencer;
2. Lei do Equilíbrio: rege o dar e o receber - nas nossas relações é necessário que haja troca e essa seja balanceada;
3. Lei da Ordem ou Hierarquia: quem chega primeiro tem precedência e é o maior, cabendo ao outro que vem depois reverenciar seus ancestrais.

A constelação ajuda a tomar a consciência. A pessoa constelada deve mudar a postura se responsabilizando pela própria vida, não se colocando no papel de vítima.

Dinheiro

O dinheiro é vida. O dinheiro é algo espiritual. O dinheiro é resultado de amor. Bert Hellinger associa a dificuldade em lidar com o dinheiro ao desrespeito às leis do amor. Assim, a forma como nos relacionamos com nossos pais poderá gerar conflitos financeiros que influenciarão no sucesso, na carreira e no próprio dinheiro.

Na constelação, o sentimento de gratidão pela vida é importante para a prosperidade e abundância. Nossos pais nos deram a maior das bênçãos: nossa vida. Sem ela, não estaríamos aqui, não teríamos a oportunidade de ter essa experiência terrena para vivermos uma jornada recheada de aprendizado e evolução. Devemos ser gratos pela generosidade de nossos pais.

Quando reconhecemos que nossa mãe nos gerou, permitindo que nascêssemos, reconhecemos que herdamos a força masculina de nosso pai, na compreensão de que ambos se doaram e deram seu melhor em nosso cuidado, independentemente do ponto de vista que tenhamos diante deste cuidado, nos conectaremos com o fluir da vida e ficaremos prontos para receber em sua totalidade o dinheiro com sua energia. Conforme ensina o psicoterapeuta alemão:

> *O sucesso dos negócios e na profissão vem com a bênção da mãe (...). Mas não podemos esquecer do pai (...). A partir do respeito e do amor pela mãe, o dinheiro vem abundante.*
> (Bert Hellinger)

Hellinger explica que o dinheiro se relaciona com lado materno e paterno no sentido de que, do mesmo jeito que nossos pais nos deram a vida, o dinheiro, por sua própria natureza, também nos serve na nossa existência. O dinheiro é essencial para nossa sobrevivência: sem ele, não teríamos condições de viver, assim como se nossos pais nos tivessem negado a vida, também não teríamos condições de viver. Daí a relação dinheiro e pais. Nossa mãe nos alimenta inicialmente com seu leite, nosso pai nos fortalece com seu exemplo másculo de força e determinação. O dinheiro nos dá a condição de nos nutrirmos além de possuir a própria potência de conquista.

Relacionamento amoroso

Nossa família é a base de nosso centro. Nossa mãe nos avigora e nosso pai possui a força necessária para nos entregar à vida. Estando nutridos e fortalecidos, ficamos plenos e somos capazes de assumir novos relacionamentos, inclusive os amorosos.

Entretanto, no caso de acontecer, precocemente, um movimento de interrupção no fluxo do amor a uma criança em sua tenra idade, poderá haver consequências para a vida desse ser em desenvolvimento. Esse amor interrompido poderá ser uma perda, um afastamento abrupto, um trauma, uma doença, uma decepção de um ou ambos genitores. A criança poderá receber e internalizar essas informações as expressando pelos sentimentos de dor, medo, raiva, perda, abandono, decepção, frustração, entre outros. Essa interrupção poderá nem mesmo ter ocorrido de forma concreta, entretanto basta que a criança tenha vivenciado esses sentimentos de forma real para que eles existissem.

Tomada pelo trauma já experienciado, mais tarde, quando essa criança em sua fase adulta for em direção a um parceiro, ainda envolta pelos sentimentos negativos, provavelmente ficará paralisada esperando que o outro venha até ela. E, caso consigam vencer esta etapa e formem uma união, o casal, ambos no relacionamento não terão lugar. Um cuidando e querendo ser cuidado pelo outro como em busca daquele pai e daquela mãe ausente, ao ponto de não conseguirem desenvolver seus papéis de marido e mulher, tampouco de pais de seus filhos.

Com o não julgamento e a ampla aceitação da família de origem, estaremos e seremos livres para uma nova relação familiar, formando, assim, um novo sistema. Esse novo sistema é a soma dos sistemas de ambos os parceiros. Havendo real gratidão pelos nossos pais em tudo que foram e ofereceram, poderemos honrá-los e fazer diferente, se assim desejarmos. Dessa maneira, haverá condições de seguirmos perpetuando o amor, o equilíbrio e a harmonia para gerações futuras.

Repetição de padrão

Nosso sistema forma uma rede invisível de relações atemporais transmitidas entre as gerações. Trazemos conosco, ilimitadamente, características anteriores. Quando crianças, aprendemos a ver o mundo com os olhos de nossos pais, pela convivência ou ausência. Pelo vínculo do amor e lealdade, muitas vezes repetimos padrões familiares, apresentando as mesmas dificuldades de um integrante que veio antes, mantendo uma tradição.

Segundo Hellinger, há várias maneiras de repetição de padrão: podemos repetir atitudes de antepassados ou de uma pessoa muito próxima, como nossos pais.

O psicoterapeuta ensina que somos influenciados e que também influenciamos a construção de novos padrões. Por exemplo, quando a família condena um filho por seu comportamento, comete com isso a exclusão, ferindo a lei do pertencimento. O contrário também ocorre: ao julgar, somos tão arrogantes que achamos que determinados pais não seriam bons o suficiente para serem nossos representantes paternos. Aqui também estamos praticando a exclusão de nossos pais e estaremos infringindo algumas leis, principalmente a de ordem. Todas as vezes que transgredirmos qualquer lei do sistema, formaremos emaranhados que serão representados por conflitos sofridos por nossa geração ou pela futura, podendo se iniciar, assim, um novo ciclo de repetição de padrão.

Para a constelação, o padrão de repetição tem uma razão de existir. É uma forte identificação entre gerações. Tem uma grande serventia para o sistema garantindo o pertencimento de todos. Ao repetir, um integrante do sistema traz a experiência daquilo que em algum momento foi difícil para a família; assim, a própria situação os força a rever o que está em desarmonia. O sistema procura justiça, por isso um membro é eleito para desenvolver aquele papel repetindo a dor do outro, buscando pertencimento, compreensão, aceitação e equilíbrio entre todos.

Sintomas e doenças

A doença e seus sintomas não são vilões, são mensageiros de algo importante. Por vezes, as doenças que se manifestam em nosso corpo estão intimamente ligadas a uma identificação familiar. Os estudos da constelação revelam conexões transgeracionais entre a doença e trauma na família.

Hellinger ensina que a ausência de reverência ou relacionamento não esclarecido com mãe, por exemplo, pode trazer sérias complicações na saúde, uma vez que a dor causada transcenderá da alma ao físico; sendo possível, inclusive, vincular o abalo do órgão afetado com aquela infringência cometida.

Outro modo de surgimento de sintomas na família é o forte vínculo de amor entre seus integrantes. Pelo amor e pelo querer e fazer pertencer, existe a possibilidade de um membro, inconscientemente, desejar repetir o destino de um ente amado, seguindo-o nas doenças, depressão, frustração e dores. Hellinger (2001) explica que o indivíduo, pela vontade de acolher e fazer pertencer o outro, diz em seu íntimo: "Eu irei com você", "Eu o acompanho na morte ou na doença ou no destino", "Melhor eu morrer do que você" ou "Melhor eu partir do que você".

Percebemos que o que se esconde por trás das doenças muitas vezes pode estar vinculado à representação do sentimento de exclusão e pelas repetições de padrões. Além de somar o fato do nosso sentimento de querer honrar ser grande o suficiente a ponto de desejar, inconscientemente, adoecer e acompanhar familiares com destinos difíceis, permanecendo lado a lado, somatizando segredos sistêmicos.

Amor

Amor, um sentimento tão importante e presente em qualquer relação, principalmente no tema intitulado neste capítulo. No relacionamento de pais e filhos se verifica a presença desse sentimento. Independentemente de nossa vontade, somos ligados aos nossos familiares pelo vínculo do amor, unindo gerações.

Como dito, a constelação se baseia em leis sistêmicas - Hellinger as classificou como as leis do amor. Essas leis regem os relacionamentos humanos. Respeitando-as, temos uma qualidade de vida tão ampla que faz aumentar nossa capacidade de contato conosco, permitindo-nos compreender quem somos e de onde viemos. O amor é capaz de revelar o nosso "eu" mais profundo, permitindo a possibilidade real de descobrirmos a enorme força que carregamos dentro de nós.

Hellinger se aprofunda e esclarece que existe o amor do espírito. Para ele, o amor do espírito vai além de nossas compreensões limitadas, supera os limites que habitualmente colocamos a nós e aos outros. É um amor a serviço da vida. Um amor universal que alcança as ordens da convivência humana se unindo em uma ciência abrangente sobre as nossas relações. O autor nos fala dos círculos do amor para se atingir uma vida plena.

Começamos com o amor de nossos pais: essa força poderosa que atuou por trás deles, da qual fomos gerados, nutridos e protegidos com o melhor que nos puderam dar.

O amor que cura nos conecta com nossa infância, nossa história: devemos aceitar exatamente como foi, pois quando acolhemos ficamos mais fortalecidos para seguir em frente.

Quando lamentamos, recriminamos, julgamos etc., estamos excluindo e assim ficamos cada vez mais enfraquecidos, sendo que o oposto nos fortalece.

Ao aceitarmos sem exigências, acolhemos o amor da reciprocidade, e estaremos tomando também sem esperar receber.

Hellinger (2006) diz que "o ato de tomar reciprocamente é o mais difícil, ele une mais profundamente, pois ambos estão na posição de quem necessita e isso une...". Quando o amor ultrapassa o limite da consciência, reconhecemos todos os seres humanos, aceitamos seu jeito de ser, incluindo-os e dando um lugar em nossa alma. É como se nesse momento nós pudéssemos pegar toda a força que está contida dentro do sistema, ficando pleno.

Assim, estamos prontos para estender esse amor à humanidade, ao mundo, aceitando todos como são. Esse é o amor universal movido por poderes superiores.

A dinâmica de uma Constelação Familiar, ajuda-nos na compreensão de que o amor é responsável pelos vínculos de laços que unem todos os membros do sistema. É o amor que movimenta, une, equilibra, inclui e transforma um grupo familiar. Ele faz com que saiamos do individual para o coletivo, do julgamento para aceitação, do pesado para o leve.

Não importa o que aconteça, estamos todos ligados pelo amor e ele é um dos grandes motivadores de nossos movimentos na vida.

Adoção

É pretenso que as seguintes linhas tragam alguma compreensão sob o olhar do relacionamento pais e filhos atrelado ao assunto do amor, abordado acima. O maior poder do ser humano é a capacidade de amar incondicionalmente e sem julgamentos, quando se predispõe:

> Se alguém adota uma criança porque não pode ter filhos e quer tê-los dessa forma, isso é uma grande interferência na ordem. Pois os filhos pertencem aos pais.
> (HELLINGER, 2001)

> A adoção é justificada quando as crianças não têm ninguém. (...). É um ato justificado e nobre acolher e criar essa criança.
> (HELLINGER, 2001)

As crianças devem ser tomadas para serem confortadas em seus momentos difíceis. Assim, quando alguém adota uma criança como uma ação de cuidar dela porque os pais que a geraram, por algum motivo, não puderam fazê-lo, a adoção tem todas as chances de ser um encontro de evolução. Na nossa visão, o movimento de encontro do amor entre mãe biológica e mãe adotiva é muito bonito porque ambas são gratas mutuamente, uma continuará no amor da outra.

Diante de tudo isso, concluímos que a constelação pode libertar de emaranhados e sofrimentos, proporcionando-nos a capacidade de dizer sim à vida, deixando com o outro o que é dele e seguir somente com o que nos pertence e, mesmo sendo igual, poder fazer diferente e ser plenamente feliz.

Este capítulo teve a colaboração das seguintes consteladoras:

Ana Maria dos Santos
Ísis França Silva
Katia Araujo Moura
Marcia Ceconello
Mônica Gouvêa
Rosangela M. de Lima
Sandra Morgado
Simone Pacheco Souza

Referências

HELLINGER, B.; HÖVEL, G. T. *Um lugar para os excluídos - conversas sobre os caminhos de uma vida.* Tradução: Newton A. Queiroz. 1. ed. Patos de Minas: Atman, 2006.

HELLINGER, B. *A cura – tornar-se saudável, permanecer saudável.* Tradução: Daniel Mesquita de Campos Rosa. 1. ed. Belo Horizonte: Atman, 2014.

HELLINGER, B. *O essencial é simples – terapias breves.* Tradução: Tsuyuko Jinno Spelter. 2 ed. Patos de Minas: Atman, 2006.

HELLINGER, B.; HÖVEL, G. T. *Constelações familiares - o reconhecimento das Ordens do Amor.* Tradução: Eloisa Giancoli Tironi; Tsuyuko Jinno-Spelter. 5 ed. São Paulo: Cultrix, 2006

HELLINGER, B. *Conflito e paz - uma resposta.* Tradução: Newton A. Queiroz. 1. ed. São Paulo: Cultrix, 2007

HELLINGER, B. *Êxito na vida êxito na profissão – como ambos podem ter sucesso juntos.* Tradução: Tsuyuko Jinno-Spelter. 1. ed. Goiânia: Atman.

HELLINGER, B. *Ordens do amor - um guia para o trabalho com constelações familiares.* Tradução: Newton de Araújo Queiroz. São Paulo: Cultrix.

HELLINGER, B.; WEBER, G.; Beaumont, H. *A simetria oculta do amor - por que o amor faz os relacionamentos darem certo.* Tradução: Gilson César Cardoso de Sousa. São Paulo: Cultrix.

HELLINGER, B. *O amor do espírito na Hellinger Sciencia.* Tradução: Filipa Richter; Lorena Richter; Tsuyuko Jinno-Spelter. 1. ed. Patos de Minas: Atman, 2009.

HELLINGER, B. *Histórias de sucesso na empresa e na profissão*. Tradução: Azul LIano. 1. ed. Goiânia: Atman, 2009.

7

CONSTELAÇÃO SISTÊMICA: UMA FERRAMENTA PARA ALCANÇAR O SUCESSO

A constelação sistêmica serve como ferramenta para que a pessoa veja além do aparente, para honrar seus ascendentes, incluindo-os e sendo grato, e alcançar o sucesso.

JUDITH BORBA

Judith Borba

Bacharela em Direito pela UFPE com Especializações em Psicologia Jurídica (Fafire), Direitos Humanos (Unicap) e Psicologia Positiva pelo IPOG/PB. Formada em Hipnose Ericksoniana, Programação Neurolinguística (PNL) e Posicionamento Sistêmico pelo Instituto Ubuntu de Desenvolvimento Humano e Coaching. Certificada pelo Instituto Brasileiro de Coaching - IBC, em Professional & Self Coaching e Leader Coach; formações reconhecidas internacionalmente pela Global Coaching Community (GCC), European Coaching (ECA), International Association of Coaching (IAC) e pelo Behavioral Coaching Institute (BCI), órgão que congrega os principais *coaches* e entidades de Coaching no mundo. O BCI atua em parceria com o International Coaching Council. Também pela Faculdade Monteiro Lobato, em Goiânia/GO, no Curso de Extensão Acadêmica em Professional Self Coaching. Na área de *storytelling*, tem formação de: Contadora de História pelo Grupo Zambiar; treinamento como voluntária e associada da Empreendeler; contoterapeuta pelo Instituto de Desenvolvimento Humano Ipê Roxo. Também, como membro do Ministério Público e por ter atuado como promotora de justiça do idoso, tem várias teses aprovadas nos Congressos Nacionais e Estaduais do Ministério Público e como palestrante em Direitos Humanos, tudo na perspectiva de valorização da pessoa na conquista de sua cidadania. Atualmente, é vice-presidente do Instituto de Pesquisa e Estudo da Terceira Idade e trabalha com o desenvolvimento humano (principalmente da pessoa idosa) utilizando os conhecimentos como contoterapeuta, consteladora, advogada e *coach*.

Contatos
jupisibo@gmail.com
Instagram: judith_borba1
81 99976-3225

Introdução

A constelação é uma grande ferramenta de cura e dissolução de bloqueios (também aqui chamados de emaranhados) nos diversos sistemas, podendo transformar uma vida de fracasso em sucesso.

Algumas noções

Lembra Ana da Fonte (em sua obra: *O Tao das Constelações* – Constelar, 2016) que:

> Constelar é unir as partes ainda fragmentadas no tempo para sentir o silêncio e a paz do todo dentro de nós e que o nosso corpo é um sistema complexo em total interdependência e atemporal em memória (pág. 67). Quando estamos presentes nele, podemos compreender a interferência de tudo e de todos (fl. 98).

Ou seja, é preciso deixar fluir as energias e sentimentos do corpo sistêmico, olhando os emaranhamentos como proteções necessárias para a sobrevivência dos membros (sejam até os que estejam em ordem temporal anterior). Esses desequilíbrios estão baseados também em medos (acarretando, inclusive, doenças, revelando os sintomas).

Dessa forma, somente recebendo os recados do inconsciente e buscando o oculto, inclusive ao olhar o conflito como um chamado para que se olhe o que está escondido e abafado, é que se pode encontrar a verdadeira cura do sistema; o amor toma o que é seu e a pessoa se abre ao sucesso a que tem direito.

Historicamente, a constelação sistêmica foi estruturada pelo filósofo alemão Bert Hellinger, a partir, inclusive, de suas observações realizadas com os zulus na África, como um método fenomenológico e interdisciplinar para resolver conflitos, proporcionar reconciliações, curar a alma, revelar o que está oculto nas relações e apresentar a simetria escondida para que o amor flua.

Acrescente-se que essa nova abordagem fenomenológica pode ser utilizada nas diversas organizações e campos (saúde, justiça, administração de empresas...) para trazer força/equilíbrio à pessoa e para todo o seu sistema, liberando as pessoas das amarras do passado, trazendo o sucesso para suas vidas.

Nesse contexto, como o primeiro núcleo em que o sujeito está inserido, a principal utilização da constelação sistêmica é a resolução dos conflitos na família (para buscar soluções práticas e simples), trazendo à tona algo esquecido ou renegado (pelo não cumprimento das leis sistêmicas), mas essencial para o sucesso pessoal (na família, trabalho etc.).

Acrescente-se que cada pessoa (com a sua árvore genealógica), em que se tem o fenômeno da corresponsabilidade da ancestralidade, penetra em sua cultura e sua história, na qual se carrega todas as informações da memória celular de cada um, pois todas as pessoas são tentadas a repetir situações (inclusive as desfavoráveis) que aconteceram no passado (afinal, somos 50% nosso pai e 50% nossa mãe; nossos pais também são 50% do pai e 50% mãe deles).

Nessa caldeira familiar, com sua necessidade de vínculo e compreensão, a exclusão de nenhum membro é tolerada e, quando acontece, o destino do excluído é assumido de forma atemporal por outro(s) membro(s), só havendo a cura com o reconhecimento desses pelos membros remanescentes como todos pertencentes ao grupo, com o amor e o respeito compensando as injustiças.

Também devemos lembrar que, com a energia masculina, nos conectamos com o céu, com a objetividade, com o discernimento; já com a energia feminina, nos conectamos com a subjetividade e a afetividade, sendo o amor a base que une as pessoas da família nas suas diversas gerações.

Mas, quando há pendências em um sistema, elas são sentidas de alguma forma nos membros sucessores, ficando esses prisioneiros como em uma teia (compelidos a encontrar uma solução).

Nesse contexto, para uma família ser harmônica, o poder de cura de seus membros diante dos problemas gerados por emoções negativas é fundamental. Como uma teia, estamos todos vinculados nesses processos de cura, inclusive quanto às dores sofridas pelos nossos ancestrais.

Também, nunca é demais repetir, há uma ordem básica na qual todos os membros de uma família se sentem bem (desde que se garanta que as conexões negativas que surjam sejam resolvidas): os pais ficam à frente de seus filhos, com o pai ficando no primeiro lugar e a mãe seguindo no sentido horário a ele; os filhos ficam olhando seus pais, seguindo o sentido horário de acordo com sua ordem cronológica, do mais velho para o mais novo.

Pode ainda os filhos ficarem na frente, para que, em seguida, os pais, os pais dos pais atrás (e assim sucessivamente) deem amparo e sustentação para o descendente que veio depois.

Ou seja, o que se entende por dor é um profundo amor, ainda que inconsciente, e uma lealdade ao nosso sistema familiar, que nos dá possibilidade de tomarmos consciência de como atua nossa parte nesse sistema.

Dessa forma, precisamos respeitar as três leis básicas que atuam ao mesmo tempo nas relações humanas:

- Pertencimento: necessidade básica e por ela estamos dispostos a sacrificar e entregar a nossa vida pela necessidade de pertencer ao grupo;
- Equilíbrio: há um sentimento de ser credor quando recebemos sem dar nada em troca;
- Ordem: o ser é estruturado pelo tempo e o que vem antes tem precedência ao que vem depois.

Assim, temos questões não resolvidas ou incompletamente processadas por desrespeito a algum desses princípios, o que acaba por criar emaranhamentos ou a possibilidade de que outra pessoa (inclusive de outra geração e por amor ao sistema) reviva a situação para tentar a solução.

Também, como lembra Guedes (2015), "muitas vezes o insucesso e o fracasso constituem um meio de nos manter leais ao sistema, de mantermos o pertencimento vivendo todos o insucesso, no menos".

Lembra ainda ONUKI (2019) que "os emaranhamentos ou bloqueios surgem quando infringimos as leis que regem os sistemas". (fl. 35).

Nesse contexto, por exemplo, alguns desses assuntos não resolvidos trazem situações e cobranças para que se veja o bloqueio como, por exemplo: expulsões antigas, e um membro de outra geração assume destino similar; a morte precoce na família acarreta a prática de esportes radicais pelo indivíduo de outra geração; o uso de drogas em uma geração faz acontecer o surgimento de doenças; crianças tomam sentimentos de outros membros da família.

Os emaranhamentos interferindo no sucesso de uma pessoa

O sistema familiar é formado a partir das relações que o indivíduo tem com os outros membros da família (seus laços, vivências e memória). Ao se relacionar com outra pessoa, essa também traz, para o relacionamento, seu sistema e isso pode acarretar emaranhamentos se não respeitarmos as leis da ordem, tratadas anteriormente.

Tal fato se apresenta também para os outros sistemas, tais como profissional e escolar.

Ou seja, cada membro de um sistema, quando se relaciona, traz consigo suas relações, vivências e histórias, cabendo a cada um o seu espaço, o direito a pertencer a esse sistema, porém é preciso considerar o lugar do outro, respeitando as leis sistêmicas e a transferência de sentimentos que não pertencem à pessoa, mas a algum ancestral, que está arraigado na pessoa sem que ela tenha consciência disso.

Trata ainda Guedes (2015, fl.115):

> somente a mãe pode permitir que o filho sinta-se poderoso e capaz, que o filho viva. Somente a mãe pode permitir que o filho veja o pai, para o outro, portanto é a mãe que libera o caminho para o sucesso, porque o sucesso é o pai...

Acrescenta ainda na fl. 117:

> um dos meios de punir os pais é manter-se sem êxito, no fracasso... quem honra seus pais, torna a bênção essencial e depois torna todas as outras bênçãos. Não existe sucesso apesar de tudo, só existe sucesso a partir dos pais.

Assim, a primeira experiência de êxito e sucesso é a do nascimento, pela força, desejo de nascer e trabalho para que aconteça a saída do ventre da mãe de forma natural.

Caso, por algum motivo, não aconteça nesse momento, também se pode ganhar força especial em tudo o que é difícil e pesado depois.

Outro grande caminho para o sucesso é quando o ser humano encontra pela primeira vez e toma aquela que o gerou como mãe, recebendo a nutrição e a segurança que ela nos oferece.

Essa relação e seus desdobramentos preparam o indivíduo para o sucesso em todas as relações futuras, pois se tomamos a vida como um todo na medida em que ele a toma e, então, se consegue sentir pleno.

Desta forma, como lembra Onuki (2019, fl. 74): "quando você rejeita algum aspecto de sua mãe, você está rejeitando a vida. Isto porque a mãe é a primeira experiência de nutrição e confiança oferecida pela vida".

Sucesso na vida profissional

O indivíduo, ao perceber o seu lugar, com a ajuda das constelações, tem clareza do espaço ao qual pertence no seio de seu sistema familiar e nos outros sistemas, sabendo qual é o lugar e as exigências para pertencer a esse determinado sistema, seja ele familiar ou o sistema que construímos em nosso trabalho.

Assim, quanto mais clareza se tem sobre o lugar que ocupa no seio familiar, reconciliando-se com a vida, os familiares, e com todos os acontecimentos que permearam a existência de todos os membros da família (mesmo os que não estão mais vivos), mais inteiro se está para enfrentar os desafios do trabalho e há melhor adaptação ao entorno, permanecendo no lugar em que se foi contratado para desempenhar, ganhando mais força e confiança para dar e receber.

Quando a experiência com a figura materna é interrompida, trará consequências na vida adulta, pois a criança, mesmo que volte para a mãe novamente, muitas vezes se subtrai dela e, na vida adulta, isso torna-se um grande obstáculo para se chegar ao sucesso, principalmente na vida profissional.

A relação com o pai simboliza a amplitude, demonstrando que é possível ser e realizar mais do que se imagina e, com isso, se tem coragem para encarar os desafios que aparecem.

Quanto mais se está em consonância com os pais, com a vida, mais confiança é gerada e mais força temos nas outras relações humanas para enfrentar os desafios que apareçam, vencer os obstáculos e galgar sucesso cada vez maior.

Quando não se diz sim para a vida, essa pessoa é infrutífera, age como criança, achando que nada do que recebeu foi suficiente, não sabe dar para receber, perde oportunidades e prejudica sua trajetória.

Nesse contexto, as leis sistêmicas agem sobre as relações construídas no trabalho, mesmo que não se perceba:

- Pertencimento: para se ter sucesso no trabalho, é fundamental compreender que todos os membros do sistema (independentemente da posição ou nível hierárquico que ocupam nela) possuem esse vínculo e têm seu direito de pertencer a ele, serem protegidos e acolhidos pelos demais. Caso essa norma seja quebrada, pode haver inclusive prejuízo para o crescimento profissional e/ ou de toda empresa;
- Ordem: o antecessor deve ser respeitado e possui autoridade, uma vez que traz consigo mais experiência, vivências e sacrifícios que tiveram de passar para ali estar. Quando essas posições são negligenciadas ou rejeitadas, insatisfações, problemas e tensões tornam-se comuns;
- Equilíbrio: no ambiente de trabalho é fundamental que exista também equilíbrio nas relações.

Assim, ao se conhecer os princípios sistêmicos, torna-se mais fácil conhecer os bloqueios que se trouxe do sistema familiar (emaranhamentos e o que precisa ser liberado) e se recupera a própria força para crescer, tornar-se um adulto que contribui para o local onde trabalha.

Conclusão

Dessa forma, se o sucesso é algo inatingível e já se olhou para todos os outros modos e ferramentas pessoais, talvez seja o momento de olhar além do aparente, olhar como está a pessoa em seu sistema; ver e honrar quem veio antes; incluir, reconhecer e ser grato, pois todos pertencem.

Referências

FONTE, Ana. *O tao das constelações*. Instituto Constelar. Recife: Novo Estilo, 2016.

GARLET, Ana. *O Caminho do Sucesso – A visão de Bert Hellinger*. Disponível em: <https://iperoxo.com/2018/11/13/exito-na-vida-exito-na-profissao-a-visao-de-bert-hellinger/#:~:text=Sobre%20o%20caminho%20do%20sucesso,como%20se%20pud%C3%A9ssemos%20separ%C3%A1%2Dlos >. Acesso em: 27 fev. de 2021.

GARLET, Ana: BERNDT, Paulo; FARIAS, Sônia. *Como ter sucesso no trabalho com o uso das constelações familiares*. Disponível em: <https://iperoxo.com/2020/09/01/como-ter-sucesso-no-trabalho/>. Acesso em: 27 fev. de 2021.

GUEDES, Olinda. *Além do aparente. Um livro sobre constelações familiares*. Curitiba: Annris, 2015.

ONUKI. Sonia. *Constelação familiar — desfaça os emaranhados para criar laços*. São Paulo: Buzz, 2019.

8

E O MEU LUGAR, QUAL É?

Uma reflexão sobre o nosso lugar na vida, em nosso sistema familiar e demais sistemas de convívio. O texto discorre sobre as percepções de uma facilitadora em constelação familiar com a própria experiência e traz o relato de um atendimento.

KARLA CUNHA

Karla Cunha

Multiplicadora da HellingerSchule em formação direta com Sophie Hellinger desde abril/2019. Facilitadora em Familienstellen - Constelação Familiar e Organizacional desde 2017, em formação contínua pela HellingerSchule. Pós-graduada nas primeiras turmas de Direito Sistêmico em 2018. Constelação Familiar Original Hellinger em 2021 pela Faculdade Innovare/HellingerSchule. Mestranda pela Funiber/SC para a titulação de *Master Internacional en Resolucón de Conflictos Y Mediación* - Universidad Europea del Atlântico. Mediadora e conciliadora sistêmica com projetos nos Fóruns de Santana e em Mogi das Cruzes, desde 2017, e Fórum do Ipiranga, desde 2019, com certificação reconhecida pelo TJSP desde 2016. Palestrante e consteladora responsável pelo Projeto MPSP MPSistêmico no Estado de São Paulo, desde 2017. Participante de Diversos Seminários da HellingerSchule, Cudec México e Faculdade Innovare, desde 2016, no Brasil e no exterior. Palestrante com artigo selecionado e apresentado no I Congresso Internacional de Direito Sistêmico em junho/2018. Auxiliar de Justiça no TJSP para as funções de Perito, Liquidante e Administrador de Falências e Recuperações. Contadora e Advogada com sólida experiência na área administrativa e financeira, atuando nas áreas jurídica, contábil, *compliance* e auditoria interna, com forte conhecimento em reorganização de área, consultoria empresarial, estruturação de negociações e direcionamento de formalização, adaptação a normas e diretrizes internas, adequação da legislação vigente, acompanhamento de M&A e *Valuation*.

Contatos
cunhakarla103@gmail.com
11 95659-3198

E o meu lugar, qual é?

Nunca na minha vida, havia me preocupado com esta pergunta. No auge dos meus quarenta e tantos anos, depois de uma explanação maravilhosa sobre a evolução das constelações familiares, uma professora pede licença para citar o meu exemplo, pois eu havia feito uma pergunta que me acompanhava já por algum tempo: "Como se fala que, se não honrarmos os nossos pais, não temos êxito? Eu não tive contato com o meu pai e tenho uma vida profissional e pessoal que considero de sucesso".

Ela, com todo amor, me respondeu: "Você tem êxito porque tomou o lugar, de prover, do seu pai". Isso aconteceu há quase cinco anos. Naquele mesmo momento, compreendi com o meu corpo e alma exatamente o que ela disse. Dentro de todos os conceitos que permeiam as constelações familiares, por meio do estudo contínuo, dos projetos em que atuo, de milhares de pessoas as quais já falei sobre as constelações, todos os atendimentos, todas as constelações que já facilitei, esta é a pergunta que trago para a minha vida: "Em que lugar me encontro agora?"

Qualquer relação humana necessita dela. Qualquer situação que passamos, precisa desse posicionamento. Saber o nosso lugar faz toda a diferença. Quando sabemos o nosso lugar, conseguimos falar com amor, de forma leve, mesmo que seja uma fala contundente. Estarmos cientes do nosso lugar traz força, seja ele qual for.

E como chegamos lá?

Nosso ponto de partida é a nossa ancestralidade, nossa família, nossa história. Nossa consciência familiar nos leva a um lugar de pertencimento. Para pertencermos, firmamos compromisso com a história da nossa família, pessoas que foram excluídas, que não nasceram, que prejudicaram a nossa família em algum momento e as que foram prejudicadas por alguém na nossa família, todas têm o seu lugar. Lugares que são esquecidos, não mencionados ou mantidos em segredo.

Podemos, assim, nos identificar com essas dores, esses medos, esses sentimentos de não pertencer e tomamos isso para nós. As constelações familiares nos trazem a possibilidade de percebê-los e identificá-los. Dessa forma, temos a possibilidade de perceber cada um no seu lugar e voltamos para o nosso.

Quando conseguimos olhar com amor, compreender que não temos como mudar o que aconteceu e trazemos essas pessoas para nosso coração, desfazemos esse compromisso que nossa alma fez de representar essas pessoas e repetir as histórias. Podemos sim pertencer, com amor, fazendo algo diferente. Conseguimos entender que a nossa vida pode ter outro destino, outra forma. O medo de não pertencer nos imobiliza neste lugar que não é nosso e nos faz carregar o peso dessas dores.

Vou ilustrar com uma história de um atendimento que fiz. Chegam a mim um homem e uma mulher para uma sessão de mediação, no intuito de resolver sobre a guarda da filha. Recepcionados à sala, quando se sentam à minha frente, vejo ainda um casal. A separação era legítima, o divórcio já havia sido homologado, já estavam separados de fato, mas o olhar de um para o outro era repleto de amor e dor. Eles começam a contar o que houve: a mulher fala que estão separados, mas que não conseguem definir em termos práticos como resolver a questão de visitas e que a mudança de guarda estava fora de cogitação, que não conseguia achar uma solução. O homem me conta que não havia a menor possibilidade de restabelecer o relacionamento, mas que queria sua família de volta. A mulher diz que não consegue admitir uma reconciliação e ele concorda.

Nesse cenário, poderiam ficar brigando por anos, esperando o trâmite da ação judicial, aguardando a determinação do juiz. Assim, pergunto a eles: como se sentiriam tendo que cumprir uma sentença? Eles ficam desconfortáveis, um grande silêncio se instala e se entreolham: "Ninguém pode entender essa dor!", foi o que ouvi. Percebo naquele momento que a força do masculino nessa relação é muito frágil. Quando pergunto ao homem como era a relação dele com seu pai, ele me responde: "Sou completamente diferente dele. Meu pai foi embora quando eu era muito pequeno, era um homem violento e fez muito mal a minha mãe. Mas isso não tem nada a ver com o que está acontecendo agora na minha vida! Sou um pai dedicado!". A mulher concordou imediatamente: "Sim! Sempre foi um bom marido e um ótimo pai".

Era visível a dor que ele sentia e, naquele momento, eu percebi uma criança pequena, frágil e magoada. Pedi que visualizasse seu pai e que dissesse a ele o quanto o amava, que este amor o fazia se afastar da sua família e que ele também se fazia indisponível a ela. Naquele momento, ele entendeu que estava no lugar do seu pai, pois a idade da sua filha era a mesma que a dele quando o pai foi embora. Passados alguns minutos nessa reflexão, ele entendeu que poderia sim sentir amor por aquele pai e que isso não interferia no amor que sentia pela sua mãe e a dor foi perdendo a força.

Algum tempo depois, vejo na minha agenda que teríamos outra sessão de mediação. No dia agendado, encontro agora um casal. Eles me contaram que fizeram questão de vir pessoalmente me contar que haviam se reconciliado e que, finalmente, a família estava vivendo muito bem e feliz. O homem me disse: "Consegui entender todo o amor que sempre senti pelo meu pai e isso me fez outro homem." Naquele momento, eu realmente vi um homem, não mais uma criança machucada.

Podemos trazer muitas interpretações desse movimento, mas não costumo fazer isso. Como facilitadora de constelações familiares, o meu lugar é o último, não procuro buscar uma solução para o meu cliente, apenas proporciono a ele a possibilidade de olhar e trazer à luz as suas próprias compreensões. Raramente sei de resultados obtidos. É o meu lugar em um atendimento.

Quando nos apropriamos do nosso lugar, nosso sistema familiar se alinha e todos ficam em seus lugares trazendo leveza e compreensão às histórias do nosso clã. O papel de um facilitador em constelação familiar pode transformar a vida do cliente, por isso a importância de que ele preze por esse lugar que é concedido, que honre o sistema que será apresentado a ele. Qualquer direcionamento ou condução traz para o campo as questões pessoais do facilitador, por isso a postura e a compreensão do distanciamento são tão importantes.

E como identificamos o nosso lugar?

Olhando para as nossas questões, identificando-as, compreendendo, aceitando a nossa história tal qual ela é. Quando atendemos a uma pessoa, nos colocamos a serviço sem intenção, sem julgamento, sem condescendência, sem medo e sem amor pela "causa". Nossa função é proporcionar a compreensão da pessoa à sua questão, não compreender e interpretar. Quando uma pessoa que atendemos consegue chegar nesse entendimento ou pelo menos ao cenário que necessita ser olhado, nós nos retiramos. O campo sabe o que precisa. Por isso, o trabalho do Facilitador em constelação familiar exige um compromisso pessoal dele para com ele mesmo. Exige o desprendimento, a sabedoria do deixar ir. Qualquer manifestação de condução interfere seriamente no destino das pessoas atendidas e seus sistemas, tornando-se um fardo muito grande a todos.

Para estarmos no nosso lugar, precisamos aprender com as próprias experiências e histórias, refletir sobre a necessidade de resolver questões que por muito tempo tomamos como nossas.

Saber manter o distanciamento exige uma postura ética irrefutável. Só assim podemos proporcionar a quem estamos atendendo a autonomia para que possa olhar e decidir o que fará com essa informação ou sensação. O não julgamento nos remete a um trabalho isento e profundo, com resultados surpreendentes.

O aprendizado sério, contínuo e comprometido é essencial. Este é o nosso lugar. É desse lugar que os conflitos se dissipam, que as dores e traumas perdem a força e de onde os excluídos de nossa história se integram ao nosso sistema. Como filha, sou pequena; como mãe, sou grande; como facilitadora, sou a última; com meu parceiro, meus amigos e todos os seres humanos, sou igual. Em uma empresa, como dono, sou maior; como colaborador, tenho meu lugar definido por quem está acima na hierarquia das responsabilidades.

Diante das minhas dores, sou responsável por mantê-las pequenas diante do amor que sinto, também sou pequena. Se eu me sinto maior que uma dor, ela toma a minha força; se me sinto melhor diante do outro, ajo como uma criança. Se tomo o lugar do outro, a minha benevolência me faz maior. Em todos esses lugares, o respeito e o amor prevalecem, resta saber como olho para eles, se reconheço a grandiosidade desses valores, sigo pequena diante da vida e gigante diante de mim mesma. Somente quando eu me coloco diante de mim e do meu tamanho, é que tenho serenidade para olhar para o outro.

Voltando um pouco aquela minha história de uns 5 anos atrás...

Posso dizer que hoje honro meus pais igualmente, pois me deram o melhor que podiam e eu recebi muito. Eles são os grandes, a eles devo a minha vida. Tive a melhor tradução do amor que poderiam me proporcionar.

Finalmente, posso seguir honrando a vida que recebi de meu pai e minha mãe, seguindo o caminho que tracei para mim, sabendo qual é o meu lugar. Pequena diante da vida, grande para alguns, igual para outros, acima de tudo reverenciando a minha história e toda a minha origem. Honro a todos pelos aprendizados, honro meus mestres e professores que me proporcionam a possibilidade de passar adiante tudo o que aprendi e aprendo.

Com toda a responsabilidade e amor que permeia a vida, posso identificar o lugar que ocupo... O meu!

9

VÍNCULOS FAMILIARES: TRANS-GERACIONALIDADE E RELACIONAMENTOS AMOROSOS

Neste capítulo, você encontrará informações sobre como os vínculos familiares e a transgeracionalidade podem impactar nas escolhas e/ou padrões de relacionamentos amorosos e como a constelação familiar pode auxiliar na resolução desses emaranhamentos sistêmicos.

PRISCILLA SIMÕES

Priscilla Simões

Especialista em Constelação Sistêmica Familiar, psicanalista, master em Programação Neurolinguística, graduada em Gestão de Pessoas pela UNIRADIAL (2008), com pós-graduação em Neuropsicopedagogia pela UCAM (2016) e em Constelação Sistêmica pela USCS (2018). *Coach* pela Sociedade Brasileira de *Coaching* (SBCoaching), hipnoterapeuta pela Elsever Institute, entre outros. Diretora e treinadora comportamental no Instituto Diventare Desenvolvimento Humano, desde 2013, atuando com constelações sistêmicas, psicanálise, terapias integrativas, treinamentos e formações. A constelação trouxe um olhar mais profundo para a sua vida e relacionamentos. Seu objetivo hoje é levar esse mesmo entendimento para o maior número de pessoas.

Contatos
www.diventaredh.com.br
priscilla@diventaredh.com.br
Instagram: @priscillasimoes.iddh
11 96557-1115

Nossos padrões inconscientes

É crescente o número de pessoas ou casais que buscam atendimento terapêutico relatando dificuldades em seus relacionamentos amorosos. Duas pessoas, quando decidem envolver-se emocionalmente, levam consigo todo seu sistema de crenças, valores, experiências e aprendizados pessoais e sistêmicos, o que pode causar um choque de realidades e culminar em dificuldades de entendimento, inclusive a impossibilidade de manter um relacionamento sadio.

O criador do método da constelação sistêmica familiar, por meio da terapia sistêmica, apontou que é possível verificar nos sistemas dos indivíduos emaranhamentos nos destinos dos membros daqueles que vieram antes em sua ancestralidade (HELLINGER, 2001). Emaranhamento significa que alguém na família retoma para si e revive, inconscientemente, o destino de um familiar que viveu antes dele como forma de trazer à luz a situação. A família está ligada a algo maior, comandada por uma consciência coletiva, inconsciente, que obedece a leis rígidas (HELLINGER, 2016) e que impele os membros da família a repetirem padrões de comportamento, conflitos e situações. Muitas vezes esses padrões se repetem de maneira inconsciente e se manifestam na relação a dois, culminando em dificuldades de relacionamento na atualidade.

Nos relacionamentos estão implícitos desafios nem sempre conscientes. Trazemos para nossos relacionamentos as experiências de relacionamentos anteriores, as nossas experiências familiares, padrões de comportamento, valores, crenças de nossa família de origem, imagem de relacionamento dos próprios pais, identificações e até mesmo contextos das gerações familiares antepassadas. Tudo isso atrelado às mesmas questões individuais do parceiro, não raras vezes repercutem na vida a dois. Essa particularidade pode contribuir positivamente ou não para o desenvolvimento do relacionamento.

As questões normalmente observadas em uma constelação familiar podem contribuir para o levantamento de informações dos sistemas familiares, trazendo a possibilidade de consciência e resolução de conflitos uma vez que, durante o processo, informações inconscientes são trazidas para o consciente. Tal trabalho pode surtir efeitos a partir da nova imagem de um contexto afetivo a ser formado.

A constelação sistêmica familiar e os relacionamentos

Constelação sistêmica familiar é um método psicoterapêutico de abordagem sistêmica e fenomenológica desenvolvido pelo psicoterapeuta alemão Bert Hellinger. Trata-se de averiguar no sistema ampliado familiar se existe algum emaranhado nos destinos daqueles que vieram antes na ancestralidade (HELLINGER, 2001). Ao aplicar uma constelação familiar, estamos lidando com uma consciência de grupo que influencia todos os seus membros: filhos, pais, avós, irmãos dos pais e aqueles que foram substituídos, como o caso de ex-parceiros ou noivos (HELLINGER, 2001). Para Hellinger (2001), quando alguém na família retoma ou revive inconscientemente o destino de alguém que viveu antes dele em seu sistema familiar, está instalando um emaranhamento.

Toda vez que uma ordem do amor é quebrada ocorre um emaranhado no sistema familiar. De acordo com o autor (2001), as ordens do amor são preestabelecidas para o amor nas relações humanas, e são:

Pertencimento: todos pertencem ao sistema familiar. Existe uma necessidade de vínculo e de compreensão que deve ser partilhada entre todos os membros. Essa compreensão não tolera a exclusão. Se um membro da família vier a ser excluído, outro membro subsequente assume inconscientemente o seu destino. (HELLINGER, 2001)

Hierarquia: todo grupo possui uma ordem de hierarquia que é determinada pelo momento em que começou a fazer parte do sistema. Aquele que chegou primeiro em um grupo tem precedência sobre aquele que chegou depois. Em uma constelação, é possível verificar se existe uma desordem nessa hierarquia e se há alguém ocupando um lugar que não seja seu ou carregando algo que não lhe pertence. Se isso acontece, o sistema precisa ser colocado em ordem. (HELLINGER, 2001)

Equilíbrio entre dar e tomar: existe entre os membros de um sistema uma necessidade de equilíbrio, a saber, o grupo se mantém unido quando todos dão e recebem de maneira equilibrada e quando a necessidade de recompensar o que se recebe acontece na mesma medida. Só posso dar ao outro aquilo que ele pode ou quer retribuir. Se um dá mais que o outro, o relacionamento é prejudicado. (HELLINGER, 2001)

74 | Constelações sistêmicas

Quando se trata de relacionamento amoroso, estamos falando de duas pessoas com sistemas distintos e com suas particularidades que se juntam para formar um novo sistema. Duas pessoas, quando decidem se relacionar, não encontram apenas situações favoráveis em seus contextos, podem enfrentar muitos desafios, momentos nos quais a responsabilidade parece muito pesada, o convívio fica prejudicado e a relação cada dia mais insuportável, culminando nas dificuldades e conflitos. A maneira como se dá o funcionamento dos diversos sistemas em que estamos inseridos e a atuação das forças inconscientes que influenciam nas relações podem favorecer e impactar diretamente nos conflitos e dificuldades acerca dos relacionamentos amorosos. Do ponto de vista sistêmico, uma família é comandada por uma consciência coletiva e inconsciente, que obedece a leis rígidas (HELLINGER, 2016), impelindo os membros a repetirem padrões de comportamento para se sentirem pertencentes.

Quando duas pessoas se relacionam, ambas estão vinculadas às suas famílias de origem, incondicionalmente, pelas suas consciências. As brigas e desentendimentos são derivados pela briga dessas consciências, em que cada uma deseja ser mais forte que a outra. (HELLINGER, 2016).

Para que um relacionamento dê certo, é necessário que os parceiros deixem suas famílias de origem, não apenas no sentido concreto, mas que renunciem a princípios válidos nesse núcleo original e entrem em um consenso sobre novos princípios que estejam em conformidade com o núcleo novo formado pelo casal. (HELLINGER, 2006)

Os relacionamentos de casal obtêm sucesso quando os membros reconhecem que são diferentes, mas se enxergam como equivalentes, como iguais. Nesse contexto, é possível levar em consideração o equilíbrio entre o dar e o tomar. Aquele que recebe acrescenta algo por meio de seu amor e devolve. Nesse intercâmbio com acréscimo, o amor ganha força. (HELLINGER, 2005)

> *A igualdade no relacionamento de um casal, que se expressa fundamentalmente na consumação do amor, estende-se também a outras áreas da vida. O relacionamento de um casal obtém bom resultado através da constante equiparação entre o dar e o aceitar, ligada ao amor.*
>
> (NEUHAUSER, 2006, p.23)

Transgeracionalidade: vínculos familiares e herança sistêmica

Pensando como um contexto sistêmico, a função principal da família é a socialização de seus membros já que é nela que o indivíduo tem seus primeiros contatos e que é passado aos seus membros valores para a sua formação. É por meio da família que o sujeito define suas escolhas amorosas e profissionais, pois o sentimento do valor de família acontece por meio da internalização de vivências, percepções e valores obtidos simbolicamente na construção do contexto familiar. Por vezes, uma experiência vivida na infância pode ser repetida dentro do relacionamento. (HELLINGER, 2006)

A formação de um indivíduo é influenciada pela família de forma intensa. Para Neuburguer (1999), isso deve-se ao conceito do mito familiar, que se constitui por uma crença construída mediante as características e particularidades de um grupo familiar que pertence a todos os níveis de realidade vivida pela família em seus diferentes níveis de funcionamento e pela constituição da personalidade familiar, sem que isso seja percebido pelos seus membros. O mito familiar também pode ser entendido como um conjunto de crenças e regras compartilhadas entre todos os membros da família a fim de constituir sua autoimagem e manter seu equilíbrio. Esse mito cria uma diferenciação: a especificidade de grupo e dá à família uma personalidade. (NEUBURGUER, 2009)

Para Kaës (1998), é possível que algo seja transmitido de um espaço psíquico a outro e denomina esse mecanismo de transmissão psíquica transgeracional (entre gerações), o que nos leva a observar a família como um meio de propagação de estímulos, criando uma continuidade da história e da linhagem familiar de forma sucessiva. O conteúdo psíquico pode ser transferido em uma família entre várias gerações e, preferencialmente, o que é transferido é "aquilo que não se retém, aquilo de que não se lembra: a falta, a doença, a vergonha, o recalcamento, os objetos perdidos, e ainda os enlutados". (KAËS, 1998, p.9)

Podemos falar aqui sobre a herança sistêmica, termo utilizado para designar resíduos de eventos significativos do sistema de origem, ocasião em que um dos princípios sistêmicos tenha sido desrespeitado, gerando dinâmicas não solucionadas que deixaram um emaranhado no sistema, impedindo que o fluxo natural da vida se estabelecesse. Alguém em futuras gerações poderá vincular-se a esse conteúdo por meio da necessidade de autorregulação do sistema, trazendo para o presente esses resíduos em forma de emoções, crenças, conflitos, repetindo o destino daqueles que vieram antes até que seja resolvido o que lá atrás ficou sem solução, reestabelecendo o fluxo da vida.

Nosso amor e lealdade à nossa família e sistema nos coloca, inconscientemente, em ressonância com o que foi doloroso, nos leva a repetir a mesma situação em nossa realidade para tentar resolver e liberar o sofrimento represado. De acordo com Féres-Carneiro (2005), toda a referência estabelecida com o relacionamento dos próprios pais e das gerações antepassadas pode contribuir ou prejudicar o relacionamento amoroso do indivíduo.

A constelação e o caminho para o novo

Nossos sistemas e vínculos familiares influenciam nossa vida, nossos resultados, nossas relações. Por amor e lealdade, a força sistêmica de nos fazer pertencentes e a necessidade de reestabelecimento do fluxo interrompido por emaranhados sistêmicos do passado podem nos fazer experimentar um impacto direto na forma como lidamos com os desafios, com nosso crescimento e desenvolvimento pessoal, nossas conquistas, sucesso, relacionamentos, entre outros.

Muitas dificuldades e repetições de padrões de comportamento, no que se diz respeito também aos relacionamentos amorosos, podem ser explicadas por essa herança genética, por nossa ressonância com o destino daqueles que vieram antes de nós.

A constelação sistêmica familiar é uma excelente oportunidade de trazer à luz aquilo que impacta positiva ou negativamente nossas relações, possibilitando ao indivíduo o entendimento dos mecanismos inconscientes que dificultam seu desenvolvimento e traz em si a oportunidade de desfazer as amarras emocionais que o mantém preso a contextos que não precisam mais fazer parte de sua vida.

O conhecimento da transgeracionalidade traz a possibilidade de dar um lugar ao que ficou em suspenso, de reestabelecer a ordem e o equilíbrio, possibilitando a continuidade do fluxo da vida.

Somos a grande esperança dos nossos antepassados. Reconhecer toda a história, dar lugar em nossos corações é uma grande forma de honrar a existência de todos os que vieram antes e tudo a que foram submetidos, suas dores e seus amores. Ao dar um lugar, deixamos com eles o que não nos pertence, não precisamos mais resolver aquilo que não nos diz respeito, pois finalmente podemos ocupar nosso lugar, receber da ancestralidade toda a força e a bênção para seguir adiante e fazer o melhor com a vida que recebemos.

Olhe para a sua história, entenda o seu sistema familiar e dê lugar àquilo que precisa ser visto.

Fica no passado o que é do passado, pois foi como foi. E está tudo bem! Eu honro a minha história. Você também pode honrar a sua.

Referências

FERES-CARNEIRO, T. Conjugalidade dos pais e projeto dos filhos frente ao laço conjugal. In *Família e casal: Efeitos da Contemporaneidade*. Rio de Janeiro: Ed. PUCRJ, 2005.

HELLINGER, B. TEN HÖVEL, G. *Constelações familiares: o reconhecimento das ordens do amor*. Tradutor: Eloisa Giancoli Tironi e Tsuyuko Jinno-Spelter. São Paulo: Editora Pensamento-Cultrix, 2001.

HELLINGER, B. *A fonte não precisa perguntar pelo caminho*. Tradutor: Eloisa Giancoli Tironi e Tsuyuko Jinno-Spelter. Minas Gerais: Editora Atman, 2005.

HELLINGER, B. *Ordens do amor*. Tradutor: Newton de Araujo Queiroz. São Paulo: Editora Pensamento-Cultrix, 2003.

HELLINGER, B. *Olhando para a alma das crianças*. Tradutor: Daniel Mesquita de Campos Rosa e Tsuyuko Jinno-Spelter. Minas Gerais: Editora Atman, 2016.

KAËS, R.. Os dispositivos psicanalíticos e as incidências da geração. In *A transmissão do psiquismo entre as gerações: enfoque em terapia familiar psicanalítica*. São Paulo: Unimarco Editora, 1998.

NEUBURGUER, R. *O mito familiar*. Tradutor: Sonia Rangel. São Paulo: Editora Pensamento-Cultrix, 2006.

NEUHAUSER, J. *Para que o amor dê certo*. Tradutor: Eloisa Giancoli Tironi e Tsuyuko Jinno-Spelter. São Paulo: Summus, 1999.

10

LIBERTE A SUA CRIANÇA

Era uma mensagem num quadro na casa da minha avó. Durante muito tempo tentei entendê-la, mas sem sucesso. Para entendê-la tive que voltar à minha essência. Precisei usar o coração e não a mente. Leia com o coração e entenda a mensagem também.

RICARDO DOS SANTOS

Ricardo dos Santos

Constelador familiar sistêmico (Ápice Desenvolvimento Humano), *master practitioner* em programação Neuro-Linguística (Ápice Desenvolvimento Humano), *coach* criacional (Instituto Geronimo Theml), analista comportamental Disc Profiler (Gescon Treinamentos) e hipnólogo clínico (Instituto Fabio Puentes).

Contatos
ricadossantos@yahoo.com.br
Facebook: Ricardo Santos
Instagram: @ricardosantos274

E vinde a mim as crianças...

A pura inocência

Esses dias eu estava com minha família na praça de alimentação de um *shopping* e, em uma mesa um pouco mais à frente, estavam duas crianças sozinhas. Um menino que aparentava ter uns cinco anos e uma menina, com um pouco mais de três anos. Os pais compravam comida um pouco à frente da mesa onde estavam. A menina se divertia com seu brinquedo, sorrindo alto, com uma alegria de chamar atenção de quem estava ao redor. Eu a observava com cuidado para que ela não me notasse e estragasse aquele momento de felicidade e inocência com um olhar que pudesse ser entendido por ela como recriminação por expressar sua felicidade.

Naquele momento passou um filme na minha cabeça. Fiquei pensando em quantas vezes, quando éramos crianças, estávamos felizes e fomos recebidos com olhares tortos ou com expressões como: Está rindo de quê? Está rindo sozinho? Você é bobo? Está maluco?

O que fica parecendo é que ser feliz é algo errado. Que precisamos esconder nossa felicidade para ser aceito pelos adultos.

Um grande "faz de conta"

Já parou para pensar sobre como uma criança saudável lida com a vida? Passa o tempo todo brincando, gastando sua energia de forma leve e sem se preocupar com o que vai acontecer depois: vive o presente intensamente. Curiosa, pergunta o tempo todo. Espontânea, fala o que pensa. Flexível, aceita uma brincadeira mais interessante. Reconhece suas emoções. Se está feliz ou com medo, não consegue esconder. Sonhos surreais e não se importa como serão realizados. Tudo é um grande "faz de conta".

Quando eu era criança, na casa da minha avó, tinha um quadro que dizia assim: "Vinde a mim as crianças porque é delas o reino dos céus". Essa frase de Jesus foi motivo de muita reflexão durante muito tempo. Será que os adultos não vão para o céu? Por mais que alguém tentasse me explicar, nunca me convenci com as respostas. O que será que Cristo quis dizer com isso?

E de repente tudo muda

Acredito que atingi minha maturidade muito cedo. Desde criança aprendi a ser responsável, a não desapontar meus pais e cumprir meus compromissos. Comecei a trabalhar cedo e a sonhar com objetivos de adulto. Comprar o carro dos meus sonhos (sempre fui apaixonado por carros), ter minha liberdade financeira e formar uma família.

O tempo foi passando e, com muito esforço, fui conquistando os objetivos que almejava. Lembro-me, que um dia, já meio entediado com as coisas que eu tinha conquistado e realizado, fiz uma pergunta a Deus: Será que a vida é só isso? O que mais posso realizar? O que me parecia é que, depois de tanto esforço, tudo que eu tinha feito não me preenchia.

A partir daquele momento minha vida começou a mudar drasticamente. As pessoas com quem eu me relacionava foram embora. Perdi minhas conquistas materiais e fiquei endividado, caí em depressão. Um ciclo estava se fechando em minha vida. Eram tantas mudanças que eu não conseguia acompanhar. Eu resistia, não aceitava. Todo o meu esforço agora era para entender por que tudo aquilo estava acontecendo comigo.

Comecei a buscar respostas. Comecei a ler livros de autodesenvolvimento e a entender que aquela era uma oportunidade de evolução. Passei a gostar disso. Novas pessoas foram surgindo, novas oportunidades, novos objetivos e um novo caminho para trilhar. Surgia um ser humano mais forte e disposto a olhar para a vida de forma diferente. Em vez de ficar brigando com meu passado, resolvi dar um lugar especial a tudo o que me aconteceu e ser grato, pois todas essas experiências me fizeram descobrir um mundo de novas possibilidades.

A vida seguiu. Continuei lendo livros, fazendo cursos e me desenvolvendo até que, por intermédio de uma amiga, fui convidado a fazer uma imersão de três dias. Topei o desafio. Fui meio que sem saber o que encontraria lá. Foram dias intensos, mergulhando dentro de mim mesmo. Permitindo-me tomar consciência das minhas emoções e dar mais importância a elas. Deparei-me com a minha criança interior. Aquela que vivia esquecida dentro desse adulto cheio de responsabilidade e que levava a vida sempre muito a sério. Nunca tinha pensado que dentro de mim havia uma criança internalizada que muitas vezes foi ferida, que precisava ser valorizada para que eu, adulto, pudesse aproveitar minha vida com mais leveza e prazer. Percebi que para estar inteiro para a vida teria que ter a minha criança internalizada saudável e que, enquanto não curasse essas feridas, revivendo lições que já deveria aprendido, a vida não passaria para o próximo nível.

Entendi a mensagem

Muitas fichas começaram a cair. Muitas memórias vieram à tona. Aquela mensagem do quadro na casa da minha avó começava a fazer sentido: "vinde até mim as criancinhas..." Claro!

Depois que crescemos, a maioria de nós deixa de usar todos os recursos que usávamos quando criança. Deixamos, principalmente, de dedicar um tempo a usar a imaginação. Deixamos de sonhar com o impossível. Imaginar como uma criança é acessar o seu poder de criador. É acessar a sua pureza.

"E se"

Já brincou de "E se ..."?

"E se" eu fosse ...

"E se" eu pudesse...

"E se" eu não tivesse medo...

"E se" tudo que eu penso de ruim nunca acontecer...

"E se" tudo que eu quero pudesse virar realidade...

"E se" é o grande gatilho para dar asas a sua imaginação. É deixar vir do coração. A imaginação é uma capacidade inata do ser humano. Ao contrário do que muita gente pensa, não é coisa de intelectual ou artista. É uma capacidade que pode ser desenvolvida, exercitada. Imaginação nada mais é do que criar imagens em nossa mente. É o lugar em que podemos determinar aonde queremos chegar. Essa é a capacidade desenvolvida que os grandes realizadores têm. Tudo o que existe materialmente criado pelo homem primeiro foi fruto de sua imaginação. Albert Einstein já dizia: "A imaginação é mais importante que o conhecimento".

Se você consegue sonhar, você consegue realizar

Walt Disney

Dê um lugar para a sua criança

Olhar para a sua criança interior é dar a oportunidade de fechar as suas feridas. É revivê-las por alguns momentos e ressignificá-las. É parar de culpar os outros. Entender que tudo foi como tinha que ser e isso tudo te fez mais forte. Por você e por todos do seu sistema. É ter força para seguir em frente.

Este poema ilustra bem a nossa criança.

A criança que eu fui um dia
A criança que eu fui um dia mora
Dentro deste adulto que eu me tornei
Na mesma gaveta onde eu guardo os
"Para de sonhar e leva a vida a sério"
E ela representa tudo o que eu quis ser um dia
Mas parei de sonhar e levei a vida a sério
Sim, exatamente como me disseram para fazer
Mas ao contrário de mim, ela nunca desiste
Ela insiste em me fazer sorrir
Essa criança não marcou hora na minha agenda lotada
de desculpas
Não pediu licença, ela simplesmente abriu a porta e veio
me visitar
E como quem fala
Ei! Você não tá mais de castigo
Ela me falou a coisa mais séria que eu já ouvi
Você quer brincar comigo?

Reverb Poesia

Imagem + ação. Parte criança+ parte adulta

A parte adulta é responsável por colocar em prática. Essa é a combinação que gera um adulto autorresponsável: alguém que tem força para escolher o próprio caminho. Honrar a sua ancestralidade sendo feliz e evoluindo.

"E vinde até mim as criancinhas..."

Vinde a mim as criancinhas é manter viva sua essência. É juntar a capacidade de imaginação da sua criança com a capacidade de colocar em ação do seu adulto. Isso para mim é viver o reino dos céus. É cabeça no céu e os pés no chão. Dessa forma, você tem acesso a um mundo de novas possibilidades.

Eu vejo você, minha criança! "E vinde a mim as crianças porque é delas o reino dos céus e dos semelhantes a elas". Mt. 19:14

11

O LUGAR DA DOENÇA EM MINHA VIDA

Neste capítulo, vou entremear postulados teóricos com pensamentos, sentimentos, compreensões e soluções de emaranhados sistêmicos a partir de minha experiência pessoal ao contrair o novo coronavírus (Sars-CoV 2), causador da COVID-19, em março de 2020.

ROSEMEIRE BUENO

Rosemeire Bueno

Psicóloga (1982), pós-graduada em Gestão/Saúde Pública e Orientação Vocacional. Em Guarulhos, atuou como coordenadora de equipe, desenvolvendo o Programa de Educação de Jovens e Adultos (EJA) com Educação Profissional e Orientação Profissional. Em São Paulo, exerceu a chefia na gestão de pessoas e desenvolveu programas de formação e capacitação de pessoas, Qualidade na Gestão Pública e com funcionários dependentes químicos. Em 2012, iniciou atendimentos com Programação Neurolinguística (PNL); *trainer* internacional em PNL-IN *International Association of NLP Institutes* e pelo *Metaforum Internacional*. CEO do Instituto Rose Bueno Desenvolvimento Humano. Ministra formações em PNL. É *coach* (*International Association of Coaching Institutes*); hipnoterapeuta (Sociedade Interamericana de Hipnose) e consteladora sistêmica (Ápice Desenvolvimento Humano).

Contatos
www.institutorosebueno.com.br
irosebueno@gmail.com
Instagram: @institutorosebueno
Facebook: Instituto Rose Bueno Desenvolvimento Humano
YouTube: Instituto Rose Bueno

Relato de uma experiência

Escrever este artigo é um desafio e, ao mesmo tempo, uma profunda gratidão à vida que me propiciou esta oportunidade, por isso me proponho a entremear postulados teóricos com pensamentos, sentimentos, compreensões e soluções de emaranhados a partir de quem viveu a doença covid-19 sob um olhar sistêmico. É uma honra compartilhar com vocês, queridos leitores, este momento que considero um dos melhores de minha vida e sabem por quê? Vou contar para vocês ao longo deste artigo.

Em março de 2020, em virtude da pandemia do novo coronavírus, nos isolamos socialmente ficando em casa. Observei na população algumas fases:

1. Chocados: "Como assim? Mas, e o meu emprego, meus projetos, ficar longe da minha família, amigos, trabalho? Vou ter que fazer *home office*? Sem ir ao *shopping*, cabelereiro, academia? Quanta gente morrendo no mundo!"

2. Negação: "Isso é exagero, se acontecer não será comigo. Vou aproveitar para passar uns dias na praia".

3. Medo ao extremo: 24 horas no ar ouvindo notícias, limpando tudo: álcool em gel e cândida. Ligam diversas vezes por dia para família e amigos a fim de saber se está tudo bem. "Vou perder o emprego? Não vou mais encontrar emprego? Como vou pagar minhas contas?". E o que acontece conosco quando sentimos medo?

A imagem do vírus e as informações vão causando medo, sensações em seu corpo e, assim, uma rede neural se conecta. Diante da emoção "medo", a adrenalina e o cortisol aumentam e, em menos de meio segundo, nosso cérebro recruta nosso corpo para reagir em nossa defesa: as pupilas se dilatam, a boca seca, o estômago não digere a situação, você sente o frio na barriga, o intestino solta, o rosto fica pálido, a frequência respiratória aumenta. Seu cérebro te coloca em ação para lutar, fugir ou te paralisar. Seu sistema imunológico é afetado.

4. Raiva: do governo, de si mesmo. "Por que não economizei, não guardei dinheiro e gastei tudo com presentes de natal, viagens?" Raiva de ter que limpar, passar, cozinhar, organizar, trabalhar em casa, não ver as pessoas que gosta e ainda ficar o dia todo ouvindo barulhos dos vizinhos, crianças, TVs, videogames.

Nesse momento, nossas emoções estão no pico levando ao estresse: brigo com o cachorro, o gato, a mulher, o marido, com quem mora comigo, os filhos que não param de brigar, com o cachorro do vizinho que não para de latir. O seu cérebro está dando a ordem para liberar hormônios como a adrenalina e o cortisol. Sua frequência cardíaca altera, você fica hipervigilante e então processos de ansiedade e insônia ocorrem.

O estresse elevado pode levar a pensamentos negativos, a lembrar de outros momentos de crise. Diversas frases surgem em sua cabeça, formando um diálogo interno: "todo mundo consegue menos eu; não sou capaz de fazer, os outros são melhores que eu nesta situação; eu não sei lidar com meu marido/esposa" etc. Esses pensamentos vão se intensificando e se conectando em uma rede neural.

5. *Loop* Mental: Você inicia um *loop* de pensamentos e seu cérebro começa a pensar em soluções para evitar as perdas. Muitas vezes as soluções encontradas são irreais, pois estão sendo pensadas em um momento em que não tem o controle da situação. Também costumam surgir pensamentos que geram muita ansiedade, suscitando a imaginação de um futuro trágico.

6. Tristeza, dor, vazio, sozinho e aqui eu peço licença ao querido leitor para compartilhar, a seguir, um pouco da minha história.

Contraí o vírus em março de 2020 e receber esse diagnóstico me chocou: chorei muito, não apenas pelo medo de morrer, mas por me sentir culpada por achar que havia contaminado o meu filho. Fisicamente sentia dores e todos os sintomas da doença.

Passei a tomar medicações, mas sentia medo dos efeitos colaterais e uma inquietude. Um misto de confiança que eu ficaria bem e viva num exercício de fé, mas cada vez que ia ao pronto-socorro (fui 03 vezes) constatava que meu quadro se agravava e mais o medo me invadia.

Então, eu me perguntava: por que comigo? E com essa pergunta comecei a realizar um processo que está contido no título deste livro: "Constelações sistêmicas: perceba o imperceptível".

A constelação sistêmica familiar é uma metodologia desenvolvida por Bert Hellinger, um alemão estudioso de Filosofia, Teologia, Pedagogia e formado em Psicanálise. Ele foi membro de uma ordem de missionários católicos e desenvolveu um trabalho por 16 anos no sul da África.

Ele identificou que existe uma alma grupal, uma identidade de grupo que atua de maneira inconsciente se sobrepondo à identidade individual. Nossa alma está ligada a essa alma grupal. Podemos imaginá-la cheia de fios invisíveis ligados a muitos que vieram antes de nós, e essa conexão forma nosso campo familiar. A compreensão é que temos um destino que está enraizado, ancorado naquilo que veio antes de nós e este destino é uma força que nos conduz. A nossa alma busca a liberação dos emaranhados sistêmicos, muitas vezes repetindo por amor o destino de algum antepassado e isso chamado de "lealdade sistêmica".

Em cada momento de nossa vida, nossa alma está servindo a essa alma grupal e está sedenta por algo, talvez seja por isso que inconscientemente realizamos algumas escolhas. Por exemplo, continuamos casados mesmo sabendo que somos traídos, continuamos em um emprego mesmo nos sentindo desvalorizados e humilhados, nos apaixonamos perdidamente por alguém comprometido que nunca se comprometerá verdadeiramente conosco.

Você já se perguntou por que não consegue mudar um comportamento que te incomoda profundamente? Você tenta, mas ele se repete? Exemplo: sua mãe é muito autoritária e você a julga e diz "eu não quero ser como ela", mas faz igualzinho julgando seus filhos, marido/esposa, parentes, amigos, colegas de trabalho, empregador, colaboradores. Por que isso acontece?

A epigenética vem mostrando que o ser humano traz em seu DNA memórias de histórias, experiências, dores, de sobrevivência, medos, traumas, pendências emocionais, crenças, valores, doenças, vícios. Todavia, traz também dons, habilidades, capacidades de superação, emoções positivas, sonhos, recursos, possibilidades, além das informações fenotípicas como cor dos olhos, cabelo, tom de pele etc.

A neurociência tem mostrado que a indústria farmacêutica mais sofisticada do universo está em nosso cérebro. Toda emoção e estados emocionais são químicos: há químicos para raiva, outros para amor, para sentimento de vítima, ou seja, há substâncias químicas para combinar com todos os estados emocionais que experimentamos todos os dias. Quanto mais eu vivo esses sentimentos, mais se reforça quimicamente algo, a longo prazo, em nossa memória individual e na memória da ancestralidade.

50% de todas as memórias que recebemos são do sistema familiar do nosso pai e 50% do sistema familiar de nossa mãe. O pai recebeu 50% do avô e da avó paterna, sua mãe recebeu 50% do avô e avó maternos, e assim por diante. Então, não importa como é ou foi o relacionamento entre os pais, avós, bisavós, tataravós, etc., somos fruto de uma força, de um fluxo de amor entre todos esses que disseram sim. Portanto, geração após geração, a vida foi seguindo com uma força maior do que todos os sofrimentos, dificuldades e lutas para que ela chegasse até nós, para que nós nascêssemos e, a reconhecendo, pudéssemos honrá-la e sermos gratos por tê-la recebido.

Bert Hellinger ensina que existe um conjunto de leis naturais que regem os sistemas aos quais pertencemos e operam nas relações humanas: as leis ou ordens do amor.

1. Lei da Ordem: quem nasce antes precede, não porque é mais importante, mas porque existe um fluxo de energia que é passado do mais velho para o mais novo. Existe um lugar a ser respeitado e isso confere força ao sistema. Marido e mulher ocupam o mesmo nível, mas cada um no seu lugar. Para ser mãe, é primeiro preciso ser filha, não sou mãe da mãe, da sogra, do marido, dos irmãos. Talvez você diga "eu não concordo com o jeito da minha mãe, nem do meu pai", mas não podemos dar conta do destino deles. Os pais nos deram a vida e são grandes o suficiente para serem os responsáveis por suas escolhas e destinos. Dizer sim para eles é aceitá-los do jeito que são.

2. Lei do Pertencimento: todos têm o direito a pertencer ao sistema e ninguém pode ser excluído: os de laços sanguíneos; pais biológicos de crianças adotadas; crianças que não nasceram porque foram abortadas, natimortos, ou que faleceram; filhos do primeiro casamento; ex-parceiros; assassinos; suicidas; parentes com dependência química, entre outros. Quando julgo, rejeito, nego, critico eu excluo; e tudo o que excluo tem o poder de atração no meu sistema familiar. "Toda hora eu tenho que olhar para o que eu excluo para querer ser diferente". Tudo o que os mais velhos não enxergam, os mais novos carregam, pois a alma familiar trabalha amorosamente para reconciliar todos os que pertencem ao sistema e realiza um processo para trazer de volta os excluídos.

3. Lei do Equilíbrio entre o dar e o receber (tomar): aqui se refere a uma relação entre o dar e tomar o amor dos pais, ou seja, ele se torna

parte de você. Nós tomamos (recebemos) o amor dos pais do jeito que puderam amar e conseguiram dar. O desequilíbrio acontece quando os mais velhos exigem que os mais novos devolvam, ou quando o mais novo fica cobrando que o outro lhe dê mais, que cuide dele como uma criança (coisas, carinho, afeto, atenção etc.).

E em meio à minha dor, questionando-me por que comigo, num determinado momento me veio à consciência quem eu sou, do propósito da minha vida, minha espiritualidade e missão, mas também entendi que precisava ativar meu olhar sistêmico e buscar algumas respostas. Quando a gente acessa as informações do nosso sistema a gente se torna presente e pode buscar as soluções sistêmicas.

Então, perguntava-me: em quais das leis do amor eu poderia estar emaranhada? Qual estaria sendo o movimento da minha alma ao adoecer? Com o que, ou com quem eu estava conectada para fazer essa doença em mim? O que estava fora do lugar? Em desequilíbrio?

Há 93 anos, minha avó materna iniciou o processo de geração de seus 10 filhos. O primeiro faleceu com dois anos de idade com uma doença chamada crupe, que está relacionada a algum tipo de vírus que acomete desde a faringe até o pulmão e com um quadro parecido com o do covid-19.

Para minha avó, foi uma dor muito grande viver a perda desse filho. Ela também teve um aborto espontâneo de um bebê antes da gestação da minha mãe e, como ela ficou grávida de minha mãe praticamente logo após esse aborto, minha avó dizia que minha mãe era muito fraquinha de saúde, e assim ela foi estigmatizada. Minha mãe também teve um aborto espontâneo antes da minha gestação e eu nasci prematura, ficamos uma semana hospitalizadas. Minha mãe chorava muito e dizia que eu morreria e, para finalizar, eu também tive um aborto espontâneo de meu segundo filho.

Como eu disse anteriormente, a nossa alma busca a liberação dos emaranhados sistêmicos muitas vezes repetindo por amor o destino de algum antepassado (lealdade sistêmica). Com quantas dores e crenças eu estava sistemicamente conectada, quantos seres humanos foram excluídos da possibilidade de existir: o fluxo da vida foi interrompido. A doença contagiosa é uma forma de se isolar, de se excluir e de excluir o outro também. Eu adoeci, mas em meio a tudo isso prevaleceu a força de superação que está em mim e que recebi dessas grandes mulheres.

Hoje eu, amorosamente, incluo os excluídos e devolvo o que não é meu. Minhas ancestrais são grandes e podem com seus destinos e fico apenas com o que é meu, com o meu lugar. Eu posso pertencer a essa família sem repetir a história. Eu escolho ser livre. Escolho ser feliz. Honro e agradeço a vida que me deram e me comprometo a fazer o melhor com ela.

12

A APLICABILIDADE DOS PRINCÍPIOS SISTÊMICOS PARA A SOLUÇÃO DE CONFLITOS DE FAMÍLIAS EMPRESÁRIAS

Neste capítulo, o leitor encontrará casos práticos para o desenvolvimento pessoal por meio da aplicação dos princípios sistêmicos, sobretudo no âmbito das famílias empresárias. Poderá perceber como sua mudança de postura pode impactar diretamente em sua vida e nas pessoas dos círculos aos quais pertence.

SANDRA TOLEDO GALVÃO LIGUORI

Sandra Toledo Galvão Liguori

Advogada inscrita na OAB/SP. Formada em Direito pela Fundação Armando Alvares Penteado (FAAP 2005). Certificada no Programa de Desenvolvimento de Acionistas da Fundação Dom Cabral (2014). Mediadora pelo Instituto de Mediação e Arbitragem (IMA 2016). Certificada em Programação Neurolinguística Sistêmica pelo Instituto de Constelaciones Familiares Brigitte Champetier de Ribes (2017). Facilitadora em Constelação Familiar pela Hellinger Schule em parceria com a Faculdade Innovare (2018). Especialista em Constelação Familiar Individual com Bonecos pelo Instituto Vera Bassoi (2019).

Contatos
www.sandraliguori.com.br
contato@sandraliguori.com.br
Instagram: @boraconstelar
LinkedIn: linkedin.com/in/sandraliguori
61 99866-1986

Perceber algo que dói e incomoda, na maioria das vezes, significa que aquele momento de mudança chegou. O que fazer a partir dessa constatação? Por onde começar? Qual caminho buscar? São algumas das perguntas que podem nos assolar nessa hora.

A questão é que só o fato de pensar em sair da zona de conforto já soa como algo incômodo para muitas pessoas, sendo que boa parte delas tem dificuldade em compreender que tudo é um processo e que não se trata apenas de virar uma chave para que as coisas se encaixem em seu devido lugar e/ou voltem a fluir de forma mais equilibrada. Trata-se de uma constante em que é preciso assimilar que nada acontece do dia para a noite. Pessoalmente, eu aprendi isso na prática.

Costumo dizer que encarei essa questão a partir da minha experiência profissional e, sobretudo, pessoal. Vivenciei, na prática e dentro da minha própria história, como a falta de um planejamento sucessório aliado a uma boa governança familiar e corporativa tem um poderoso impacto sobre as famílias empresárias, em todos os aspectos possíveis e imagináveis.

Como consequência inevitável, percorri um longo caminho em busca das ferramentas adequadas e necessárias para me auxiliar dentro do meu cenário em particular, sendo que esse caminho acabou se transformando em minha atual profissão, me permitindo também prestar um valioso auxílio às outras famílias empresárias que se encontram em situações similares. Daí surgiu o meu encontro com a constelação sistêmica em sede de governança familiar e corporativa.

Antes de tudo, governança familiar: o que é? O Instituto Brasileiro de Governança Corporativa (IBGC) é um órgão não governamental e sem fins lucrativos. É o principal norteador e fomentador do aprimoramento das boas práticas de governança corporativa e familiar no Brasil. É ele que nos dá o conceito de governança familiar: "é o sistema pelo qual a família desenvolve suas relações e atividades empresariais com base em sua identidade – valores, propósitos e princípios da família -, e no estabelecimento de regras, acordos e papéis".

Dito isso, especificamente no contexto das famílias empresárias, por envolverem diferentes membros familiares e, por vezes, de gerações diferentes, a questão sucessória geralmente é objeto de desarmonia tanto para quem será sucedido quanto para quem sucede. Por qual razão isso acontece? Porque ninguém, de fato, está preparado para falar, lidar ou, indo mais além, se antecipar e se preparar para a morte de um ente querido.

No meu ponto de vista, no campo das constelações, acontece uma espécie de *encantamento*, pois quando esse trabalho é realizado, podemos enxergar algo que não está em nosso alcance e é exatamente aí onde e quando acontece a *mágica*. Tudo se transforma de forma muito repentina.

Ao longo dos anos durante os quais atuei nessa área, ainda repleta de incógnitas e mistérios para muitos, percebi que depois que se entra na esfera da visão sistêmica não há como rebobinar: é um caminho sem volta e um movimento linear para a vida toda até o além. Ou seja, aquele problema que o impedia de seguir passa a não dominar mais o presente e, assim, o processo resulta em evolução certa para quem se permite ao conhecimento e a agir dentro dos princípios sistêmicos em um cenário de conflito. Antes de adentrar na aplicabilidade prática dos princípios sistêmicos dentro do tema ora abordado, falarei um pouco dos princípios sistêmicos, partindo do princípio central de que, segundo a visão sistêmica, todo ser humano está inserido em diversos grupos, considerando o sistema familiar de origem como o principal dentre eles.

Os princípios sistêmicos na prática

Segundo Bert Hellinger, criador e mentor da Constelação Familiar, existem três ordens do amor, ou aquilo que chamamos hoje de princípios sistêmicos que, apesar de simples em sua compreensão, são de profunda transformação quando aplicados no dia a dia, sendo eles: pertencimento, hierarquia e equilíbrio.

Pertencimento

O primeiro princípio é denominado *pertencimento*. De acordo com esse princípio, uma pessoa pertence ao sistema de origem familiar, independente do que ela fez, falou ou da forma como agiu. Nenhum elemento do sistema deve ser colocado à margem ou deixado de lado visto que todos têm o mesmo direito de pertencimento.

O que acontece quando se ignora alguém que, em algum momento, agiu de uma maneira considerada incondizente na vida dos envolvidos?

Em uma próxima geração, outra pessoa agirá de forma muito parecida ao membro excluído/ignorado. Aí presenciamos o que se chama de representação. Os efeitos de uma exclusão são demasiadamente nefastos, tanto para sistema em si quanto para a pessoa que pratica essa exclusão.

Certa vez fui representante em uma constelação em que a cliente apresentou um tema relacionado ao péssimo relacionamento que ela mantinha com a própria mãe. A mulher queixava-se na ocasião que, em determinadas situações, se punha muito agressiva e violenta. A constelanda insistia em transmitir sua incapacidade de compreender ou entender os porquês de tanta agressividade e violência exteriorizada pela mãe, especificamente para com homens.

Uma vez colocada sua questão em uma dinâmica de constelação, ficou claro que a sua linhagem feminina, lá em sua origem, foi abusada e violentada. Eram mulheres que haviam sofrido muito, tanto que aquela raiva e violência perduraram durante anos, passando de geração em geração até que houve o movimento sistêmico trazendo cura para todo o sistema.

Nesse caso, constatou-se que a cliente apresentava o mesmo comportamento da mãe, pois buscava pertencer àquele sistema. Acontece que o amor não flui quando não respeitamos algumas regras e elementos básicos. Pertencer ao grupo da sua família é essencial para uma vida fluida, da mesma forma que o relacionamento com nossa mãe é o primordial entre eles. Lá se encontra o amor que cura, lá se encontra o sucesso.

Hierarquia

Outro princípio sistêmico é o denominado *hierarquia*. Ele traz a ordem e, sem ela, não é possível modificar muitas coisas, ou quase nada. A hierarquia é essencial em nosso desenvolvimento. Por que será?

Ela te leva ao lugar certo dentro do sistema familiar. Quando o lugar que é realmente seu está sendo devidamente ocupado, as outras pessoas do sistema também tomam seus respectivos lugares com mais facilidade e espontaneidade. Assim, é possível ganhar a força necessária para a vida.

Fica evidente quando há desordem dentro do sistema familiar de origem. Nesse âmbito, vou citar alguns exemplos para deixar isso ainda mais evidente para você, caro leitor. Pois bem, suponhamos que você é o filho caçula e faz coisas para seus pais que deveriam ser feitas pelo mais filho velho; se você chegou por último na empresa em que trabalha e não respeita quem está nela por mais tempo; se você é a segunda esposa e age como se fosse a primeira. Aqui, ainda, ressalto uma questão frequentemente observada nas constelações familiares, que é o fato de se estar fora do seu lugar de forma inconsciente. Por exemplo, quando simplesmente não sabemos que tivemos um irmão que não nasceu. Enfim, são diversas situações que, mesmo sem ter a intenção, fazem com que você saia do devido lugar sistêmico que lhe pertence, perdendo dessa forma a força interior.

Equilíbrio

O terceiro e último princípio é o equilíbrio nas relações, nas trocas entre as pessoas. É simples: *eu te dou e você recebe*, mas na prática, acredite, não é tão simples quanto parece. Exemplificando: quantas vezes você pediu para aquele amigo advogado "dar uma olhadinha" no seu contrato ou no seu processo, sem que quisesse remunerá-lo pelo seu trabalho?

Pessoalmente, já me aconteceu de atender uma cliente, num caso de direito sistêmico, em que ela era ré em uma ação de cobrança, ajuizada por uma conceituada instituição de ensino no país, pois havia perdido seu emprego no banco, e, por essa razão, não conseguiu arcar com as mensalidades de um curso de pós-graduação que estava cursando. A ação foi julgada em desfavor da minha cliente e, já prolatada a sentença, ela me procurou. Notam-se aqui as entrelinhas do conflito: já no auge de sua dor, pois perderia seu único bem. Diante de uma causa, a princípio perdida, me procurou e pediu para constelar.

Na dinâmica sistêmica, notei que o representante de sua advogada não olhava para o processo, nem sequer ficava no campo. Perguntei, então, a minha cliente sobre o que acontecia com sua advogada e ela me respondeu que nada; foi então que perguntei se a profissional estava sendo remunerada por seu trabalho, pergunta à qual ela respondeu com um sonoro *não*, já que para ela tratava-se de uma amiga que não cobraria pela prestação do serviço mencionado.

Diante do cenário, sugeri que a cliente trocasse de advogado, remunerando devidamente os seus honorários, conforme o princípio do equilíbrio. A mesma seguiu à risca minhas orientações. Após exatos quarenta e cinco dias, um acordo se concretizou, evitando que algo pior lhe acontecesse.

Aproveitando o ensejo do âmbito jurídico, me parece importante e oportuno frisar que no chamado Direito Sistêmico a constelação tem sido amplamente utilizada por seus mais diversos operadores (juízes, advogados, mediadores, árbitros, defensores, entre outros), com o objetivo de apresentar verdadeiras soluções aos conflitos existentes sem que haja a necessidade de julgamento e lides que se estendem por anos, além, claro, de trazer a humanização a essas questões.

Assim, aprofundando a questão abordada, o que se constata é que, atualmente, as constelações são utilizadas como ferramentas em diversas áreas do conhecimento, ultrapassando o condão do desenvolvimento pessoal de cada um. No âmbito corporativo, ela tem sido denominada de constelação organizacional, sendo de grande utilidade à gestão empresarial e auxiliando valiosamente no melhor engajamento dos seus colaboradores. Além disso, ela possibilita que os gestores tomem decisões mais assertivas no que tange às suas metas corporativas.

À luz da minha experiência, quando percebo que em uma empresa existe desarmonia, seja ela relativa à relação societária ou aos conflitos de equipe ou ao endividamento da empresa, isso pode ser avaliado como a inobservância dos princípios sistêmicos. Até porque, como nos ensina Guillermo Echegaray" em sua obra *Empresas com alma, empresas com futuro*, p. 100 (2017): "negar o que é ou o que foi e não aceitar como são as coisas é a melhor maneira para não resolvê-las". Eis, então, a razão pela qual o conflito permanece, impedindo com que a empresa se mantenha saudável em prol de todos os seus membros.

Como disse no início, tal questão pode ser ainda mais delicada dentro do cenário de famílias empresárias uma vez que a sucessão na gestão é o processo natural de todos os indivíduos que chegam a uma determinada idade ou que simplesmente escolhem dar outro rumo à vida e não mais aquele que vinham dando. Ou seja, já chegou a hora de passar o bastão dentro de uma organização e, junto, vem o dilema: quem escolher? Como fazer isso de forma a ter menos impacto na gestão da empresa? Qual é o legado a se deixar?

Trata-se de um processo desafiador que exige bastante zelo e cautela.

Portanto, caso o objetivo da família empresária seja o de manter a perpetuidade dos negócios, é crucial que haja o alinhamento entre seus membros de diversas gerações porque, sem isso, a empresa pode vir a ruir e as relações entre familiares também, por direta consequência. Para ressaltar a relevância do tema em nossos dias, a título elucidativo, dados do Sebrae-SC apontam que 90% das empresas atualmente existentes no Brasil são familiares. Logo, nada mais assertivo do que buscar a ferramenta da constelação para impasses que envolvam membros de uma família empresária, sobretudo quando há ausência do planejamento sucessório e de uma boa governança familiar e corporativa para fins preparatórios do(s) sucessor(es).

Inclusive, em meus atendimentos, constato que se o planejamento sucessório não for feito com calma, prezando pela coesão familiar e empresarial conjuntamente, os conflitos tendem, geralmente, a crescer exponencialmente entre seus membros. Isso costuma levar os membros a encará-los como pessoais, causando invariavelmente grande impacto nos resultados da empresa.

Não é por outra razão que os benefícios percebidos por meio da consultoria sistêmica são inúmeros, dentre os quais destaco: melhor compreensão do papel de cada membro nas relações pessoais e dentro da empresa; esclarecimento de dinâmicas disfuncionais; solução de conflitos internos e até jurídicos; maior engajamento e participação, tanto de familiares quanto de colaboradores, entre outros.

Dessa forma, ainda que não haja um meio de escapar de todas essas questões inerentes ao planejamento sucessório e à governança em qualquer empresa de controle familiar (principalmente naquelas que estão na primeira geração em que a famílias detêm maior participação na gestão dos negócios), existem meios de olhá-las de modo menos dolorido para todos os envolvidos. Como? Tratando das dinâmicas familiares antes de tratar das empresariais, aplicando-se os princípios sistêmicos à solução de conflitos.

Referências

ECHAGARAY, G. *Empresas con alma, empresas con futuro: una mirada sistémica a las organizaciones*. Espanha: Pirâmide, 2017.

GARRIDA, J. *A chave para uma boa vida: saber ganhar sem se perder e saber perder ganhando a si mesmo*. Trad. Sandra Martha Dolinsky. São Paulo: Planeta do Brasil, 2017.

HELLINGER, B. *Bert Hellinger: meu trabalho, minha vida*. Trad. Karina Jannini. São Paulo: Cultrix, 2020.

HELLINGER, B. *Histórias de sucesso: na empresa e na profissão*. Trad. Azul Llano. Belo Horizonte: Atman, 2017.

HELLINGER, B. *Leis sistêmicas na assessoria empresarial*. Trad. Daniel Mesquita de Campos Rosa. Belo Horizonte: Atman, 2014.

HELLINGER, B. *Ordens do amor: um guia para o trabalho com as constelações familiares*. Trad. Newton de Araujo Queiroz. São Paulo: Cultrix, 2007.

HELLINGER, S. *A própria felicidade: fundamentos para a constelação familiar*. Brasília: Tagore, 2019.

INSTITUTO BRASILEIRO DE GOVERNANÇA CORPORATIVA. *Governança em empresas familiares: evidências brasileiras*. Série IBGC Pesquisa. IBGC. São Paulo: IBGC, 2019.

INSTITUTO BRASILEIRO DE GOVERNANÇA CORPORATIVA *Governança da Família Empresária: conceitos básicos, desafios e recomendações*, São Paulo: IBGC, 2016, p. 12.

SAMPAIO, Luciano. *Empresas familiares e plano de sucessão.* PWC. Disponível em: < https://www.pwc.com.br/pt/sala-de-imprensa/artigos/empresas-familiares-e-plano-de-sucessaode >. Acesso em: 26 ago. de 2021.

13

SOBRE O JULGAMENTO E O NOSSO LUGAR

Neste capítulo, discorro sobre as nuances do trabalho com as constelações, no que se refere à lei da hierarquia entre pais e filhos. Na prática do meu dia a dia, como terapeuta e consteladora, considero-as fundamentais para facilitar a ressignificação de conteúdos por parte do cliente. Algo simples, que pode significar para muitos um pequeno "eureca".

ULI HOLTZ

Uli Holtz

Consteladora, conciliadora e mediadora judicial, docente em cursos de formação e pós-graduação em Constelação Familiar, especialista em Direito Sistêmico e Psicologia Transpessoal. Palestrante voluntária na disseminação do "Olhar e Postura Sistêmicos" no sistema judiciário, Fundação Casa, casas de acolhimento, conselho tutelar, faculdades de Direito e OABs. Atende em Terapia Sistêmica em consultório e atua como facilitadora em Constelação Familiar no grupo e Constelação individual - presencial e *on-line*. Tem formação em Mandalas Terapêuticas, Psicologia da Escrita, Florais de Bach, Minas e St. Germain, Eneagrama, 5 Leis Biológicas Nova Medicina Germânica e Danças Circulares. Primeira formação acadêmica: Medicina Veterinária com especialização em Homeopatia.

Contatos
uliholtz@gmail.com
Facebook: Uli Holtz Constelações Familiares
Instagram: @uli.holtz
15 99111-5467

Muitas vezes ouvimos que o trabalho com a constelação familiar é um trabalho "sem julgamento". Muitas vezes até nos sentimos culpados imaginando que, talvez um dia, "quando eu crescer emocional ou espiritualmente, alcançarei a condição de não julgar".

Se você pensa assim, tenho uma má e uma boa notícia para dar:

A má notícia é que você vai julgar sempre: é fisiológico julgar – o ser humano foi "construído assim". A boa é que, ampliando o olhar, entendendo os contextos sistêmicos, podemos "abrir mão do julgamento" e nos abstermos dele.

Mas, eu estou me adiantando.

Bora entender do que se trata.

Todos nós temos no nosso cérebro uma região denominada "cérebro reptiliano". Resumidamente, ela contém em si um "chipezinho" de sobrevivência que diz o seguinte: "crescei e multiplicai", a saber, "sobreviva, passe a vida adiante e garanta a continuidade da espécie". Para sobreviver, só precisamos de duas emoções básicas: o medo e a raiva.

Se tenho medo, me escondo e sobrevivo. Se "meu predador" me encontra no esconderijo, a pulsão de raiva me leva a uma força que nem mesmo eu sei que tenho e posso levar a melhor num confronto, caso seja necessário.

Assim, o nosso cérebro reptiliano, primitivo e instintivo, segue a serviço da nossa sobrevivência até hoje, quer tenhamos consciência ou não.

E o que isso tem a ver com o julgamento?

Como funcionamos assim, no "modo automático, inconsciente de sobrevivência", mesmo sem saber, comparamos tudo o tempo todo, porque o nosso "chipezinho de sobrevivência" precisa estar atento para interceder pela nossa integridade. Quando entramos num recinto, ele analisa: "É seguro aqui? Onde é a saída? É agradável? Hostil? Comparada comigo, como é a pessoa à minha frente? Ameaçadora? Amigável?"

Por que isso? Porque, para o cérebro reptiliano, tudo é uma questão de "vida ou morte", ele precisa "escanear" sempre as opções de sobrevivência em caso de perigo.

Por que olhamos para ver se vem vindo um carro antes de atravessarmos a rua? Para saber se vamos viver ou morrer. Se vem vindo um carro, o medo nos paralisa, o carro passa e sobrevivemos. Se não vem vindo um carro, a pulsão de raiva, que é uma pulsão de vida, nos leva para o outro lado da rua.

De forma automática, nós comparamos tudo na ânsia inconsciente de nos definirmos no tempo/espaço e tiramos conclusões advindas dessas comparações. Os resultados delas são os julgamentos.

O que isso quer dizer?

Quer dizer que nós julgamos tudo o tempo todo. É deslocado pretender, algum dia, não julgar.

A base do trabalho com as constelações familiares é "devolver os filhos aos seus pais": os nossos pais aos pais deles para que encontremos pais nos nossos pais e assim possamos ser também pais para os nossos filhos. Nós "adultecemos" quando tomamos posse da vida que veio por meio deles até nós e nem sempre é fácil, tranquilo tomar os pais.

A terceira lei dos relacionamentos descrita por Bert Hellinger, a lei do equilíbrio entre o dar e o receber ou entre o dar e o tomar, conta, em uma de suas nuances, que os pais dão vida e os filhos tomam a vida que lhes veio por meio deles.

Aqui também os julgamentos muitas vezes impedem ou dificultam que voltemos ao nosso lugar de filhos, de pequenos em relação aos que vieram antes de nós. Isso nos encrenca em relação à segunda lei, que é a lei da hierarquia.

Tomemos um exemplo:

Suponhamos que uma mãe deu à luz a sua primeira filha e que essa menina morreu depois de algumas horas de vida. Foi um choque enorme e ela não conseguiu viver esse luto. Cinco meses depois do ocorrido, ela descobriu que estava grávida novamente. Dadas às crenças dela e ao enorme desejo de apagar a sua dor, ela sublimou e se convenceu de que aquela criança que estava no seu ventre agora era a mesma que ela havia perdido 5 meses atrás.

E agora? O que pode acontecer com essa criança no útero da sua genitora?

Peço que o que vou colocar a seguir seja entendido metaforicamente, ok?

A criança sente tudo o que acontece com a mãe e faz com ela um "pacto secreto": esses pactos secretos acontecem numa "leitura infantil e arcaica", num amor cego à família de origem.

Dependendo da personalidade, essa bebê poderá fazer diferentes leituras:

Pode ser que ela "diga": "Mãe, eu vejo a sua dor! Eu não sou a sua primeira filha, sou a segunda, mas eu cuido dessa história para você. Eu vou crescer rápido, vou me bastar e substituo a minha irmã para você, me coloco a seu serviço" – e ela faz isso, numa "fantasia infantil de salvar a mãe".

Mas pode ser que a personalidade seja outra e ela diga: "Mãe, eu não sou a sua primeira filha! Não vou substituir a minha irmã para você. Na verdade, eu queria uma outra mãe. Eu queria uma mãe que me olhasse e me visse como sua segunda filha. Você não é essa mãe. Mas, já sei: eu vou crescer rápido, me bastar e vou tomar a vida direto de Deus", - e então sublima para uma "espiritualidade sem chão". Ainda pode ser que a fala seja: "Eu vou encontrar um cônjuge e ele vai me dar o que eu não recebi de você".

Quando ela encontra alguém, inconscientemente exige dele o que não lhe cabe dar: torna-se grudenta, ciumenta, um peso para o parceiro e poderá perdê-lo por isso. Novamente ela se frustra, se ressente e talvez chegue à seguinte conclusão (consciente ou inconsciente): "Não recebi da minha mãe, não recebi do meu cônjuge, já sei: terei filhos e eles me darão o que eu não recebi". Assim, ela pesa nos filhos e eles também não terão prazer em ficar ao seu lado.

Seja por uma "fantasia infantil em salvar os pais" ou por uma "arrogância infantil" em achar que eles não foram bons o suficiente, essa criança abdica do seu "lugar de pequena" no que se refere à Lei da Hierarquia que diz que, "quem chegou antes no sistema familiar tem precedência sobre quem chegou depois", que a vida flui do 'grande' para o 'pequeno' e 'não faz curva' para preencher um "pequeno que ficou grande demais." Esse "pequeno que ficou grande demais" poderá apresentar sintomas como depressão, pânico, um vazio existencial que "eu não sei explicar", uma tristeza que "parece que já nasceu comigo, mas se olho em volta não encontro um motivo real para ser triste" – "Encrencas na lei da hierarquia".

E o que fazer para voltar ao lugar de pequeno?

Devolver aos pais o que é deles. Perdoar, na etimologia da palavra. Doar tudo, "doar total", doar de volta para eles o que é deles.

Mas, os nossos pais carregaram muita coisa que não era deles também, assim como os nossos avós e os pais deles, antes deles. Isso fica muito claro numa constelação. Cada geração de filhos quer resgatar algo para a geração anterior na intenção inconsciente de finalmente serem reconhecidos e vistos pelos seus pais, sem se aperceberem que estiveram "de costas" para os próprios filhos, repetindo a história "pela porta dos fundos" e gerando nos filhos, o mesmo vazio que carregaram.

Vou contar mais uma história:

Vamos supor que o meu bisavô se encantou pela minha bisavó quando a conheceu e resolveu que se casaria com ela. Mas havia um problema: ela era noiva, estava com o casamento marcado e as famílias felizes com esse enlace.

Suponhamos também que o meu bisavô só conhecia os "números ímpares" – 1, 3, 5, 7, 9... Todo o conhecimento dele, todo o seu repertório vivencial se resumia a esse universo de possibilidades. Foi dentro desse universo que ele se manifestou no mundo, na melhor versão de si mesmo.

Assim, ele entendeu que a única possibilidade de se casar com a minha bisavó seria contratar um matador para tirar esse noivo do seu caminho. Minha bisavó sofreu muito com a morte do seu grande amor, mas o meu bisavô esteve sempre ao seu lado para consolá-la. Ele esperou que ela vivesse o luto, para então pedi-la em casamento. Ela aceitou e nunca soube do ocorrido.

Agora suponha que, duas gerações depois, o meu pai percebeu que não existiam só os "números ímpares", que existiam também os "números pares", e o seu repertório vivencial dobrou de tamanho em relação ao do meu bisavô, quando integrou o conhecimento dos "números inteiros".

Imagine também que eu aqui, mais uma geração depois, entendi que existem também os "números fracionais". Com isso, o meu universo ficou infinitamente maior do que o universo do meu bisavô, em possibilidades.

E qual é a minha armadilha aqui?

Julgar o meu bisavô. Olhar para ele como se fosse o pequeno e eu a grande só porque o meu repertório vivencial é maior do que o dele. Hoje é diferente. Leio o mundo num grau de sutileza maior do que o dele e justamente essa consciência ampliada torna-se a armadilha. Se olho para ele e digo: "Bisavô, você é um ogro! Eu me envergonho de ser a sua bisneta! Você não deveria ter feito o que fez, matar o grande amor da minha bisavó. No meu coração, eu excluo você".

O que acontece quando eu faço isso?

Estou negando a minha existência, estou dizendo que eu não deveria existir, que eu não deveria estar aqui. Quando, na verdade, eu só estou aqui porque o meu bisavô fez o que fez. Se a minha bisavó tivesse se casado com o seu noivo, seriam outros filhos e não seria eu aqui.

Eu devo os meus "fracionais" aos "ímpares" do meu bisavô. Antes, ele passou a vida adiante.

Mas você poderá dizer: "É muito pesado, não dá para aceitar".

Isso é real, quando estou carregando algo que está "deslocado em mim". É pesado aqui, porque estou carregando o que não é da minha conta, algo que é maior do que eu. Quando penso assim, não estou considerando que essa tocaia, esse assassinato, na verdade, é o maior presente para a minha vida aqui. A maior riqueza, lá onde aconteceu. Lá nas minhas raízes, na minha ancestralidade, de volta ao "seu lugar de direito". Lá, onde foi determinante para a minha vida aqui.

Talvez a imagem a seguir possa ajudar a ressignificar e entender melhor isso.

Nosso DNA, metade pai em nós, não tem jurisdição sobre a nossa mãe e a história dela nem se quiséssemos e até nos sacrificássemos tentando. Da mesma forma, o DNA metade mãe em nós, não tem jurisdição sobre o nosso pai e a história dele. O DNA de um é um DNA "intruso" em relação ao outro. É "fisiologicamente impossível eu cuidar dessas histórias". Só o que me resta fazer é assentir, entregar e agradecer.

Começa a ficar mais fácil, pensando sistemicamente, assentir, dizer "sim"? Deixar com os "grandes" o que nos afasta do lugar de pequenos em relação a eles? Deixar com eles o que entendemos errado? O que é grande demais para nós? Tudo o que chegou antes e "não alcançamos"?

Ainda assim, muitas vezes percebo nos meus clientes uma resistência para fazer a entrega. A "criança interior" tem a sensação de que está perdendo algo. É como se a única coisa que lhe restasse dos pais fosse esse peso que carrega por eles, esse pacote de julgamentos e exclusão. Carregando pelos pais, ela se sente pertencente à família, nem que seja no "tá ruim, mas tá bom".

O que a criança não sabe é que, assim que "doa de volta" para os pais o que não é dela, retorna ao "fluxo da vida", volta a tê-los no "positivo".

Outras vezes a "criança interior" tem a sensação de que estaria "quebrando as pernas dos pais" se devolvesse tudo a eles, e não consegue fazer a entrega.

Ajuda quando imaginamos que, ao entregarmos para os nossos pais o que não é nosso, os vemos fazendo o mesmo. Eles, ficando só com o que é deles, devolvendo aos pais deles o que não for deles também. Imaginamos, no nosso coração, os nossos avós fazendo o mesmo e assim por diante. Até que cada uma das coisas que carregamos encontre o seu lugar de direito nas nossas raízes. Podemos fazer isso numa ritualização em constelação e então liberá-los de nós: "Libero vocês de mim; das minhas crenças limitantes e expectativas frustradas em relação a vocês. Libero vocês de todo o mal que os meus julgamentos podem lhes fazer. Eu sou só o pequeno. Volto para o meu lugar".

Numa ritualização em constelação também é possível trabalhar os traumas da "criança ferida" e criar recursos adultos para assumir que "hoje podemos ser o adulto confiável de que ela precisou e não encontrou nos pais". Não que eles não quisessem, mas eles também estavam emaranhados demais nas próprias histórias.

Se ainda assim não for possível fazer a entrega, talvez possamos dizer: "No meu tempo, sim". Mesmo que eu ainda tenha resistência, mesmo que seja novo para mim, olhar dessa maneira, no meu tempo, sim. Sim, a tudo o que foi, do jeito que foi. Aos poucos começo a ver a riqueza de tudo o que culminou com a minha vida aqui e poderei devolver-lhes a dignidade de voltarem a ser os grandes aos meus olhos".

Essa postura já inicia um novo movimento.

Quando entregamos a eles o que é deles, estamos prontos para o próximo passo: "ir até eles, e tomar posse do que eles já nos deram no dia da concepção: a vida – adultecer por meio deles".

Referências

HELLINGER, Bert. *Conflito e paz: Uma resposta.* São Paulo; Cultrix, 2007.

HELLINGER, Bert. *Ordens do amor: um guia para o trabalho com constelações familiares.* São Paulo: Cultrix, 2007.

RIBES, Brigitte Champetier. *Las Fuerzas del amor.* Madrid: Gaia Ediciones, 2017.